SOMA:
eine Idee, die hilft
und allen Vorteile
bringt!

Gerhard Steiner
Präsident SOMA Österreich & Partner
Vorstandsmitglied SOMA Linz

Liebe Köchinnen und Köche,

wenn Sie diese Zeilen lesen, sind Sie gerade dabei, sich selbst zu verwöhnen und gleichzeitig auch eine gute Tat zu tun – oder jemand, der eine solche getan hat, hat Ihnen dieses Buch zukommen lassen. Die gute Tat besteht darin, dass jeder, der dieses Buch kauft, damit Menschen unterstützt, die mitten unter uns leben – und für die drei Mahlzeiten am Tag nicht selbstverständlich sind.

Im „Kochbuch der Nächstenliebe" finden Sie eine Vielzahl von Gerichten aus unterschiedlichen Kulturen und vor allem preiswerte Rezepte, die einfach nachzukochen sind. Fast alle diese Rezepte haben unsere KundInnen und MitarbeiterInnen beigesteuert. Wir haben sie gebeten, uns ihre Lieblingsrezepte zur Verfügung zu stellen – basierend auf Lebensmitteln, die in den SOMA-Märkten gekauft werden können.

Mit diesem Kochbuch wollen wir zwei Ziele erreichen: die SOMA-Idee weiter zu verbreiten und aus dem Erlös dafür noch mehr Menschen Unterstützung bieten zu können. Wie Sie sehen werden, war die Begeisterung groß: Unser Kochbuch ist ebenso umfangreich wie vielfältig geworden.

Die Idee der Soma Sozialmärkte ist bestechend einfach: Handel und Industrie liefern Produkte an SOMA, die noch zum Konsum bzw. zur Verwendung geeignet sind, jedoch aufgrund von Verpackungsschäden oder weil sie kurz vor Ablauf der Mindesthaltbarkeit stehen, nicht mehr den Weg in die Regale finden. Diese Produkte (ausgenommen Alkohol und Zigaretten) werden an Menschen, die unterhalb der Armutsgrenze leben, zu symbolischen Preisen verkauft.

In den SOMA-Märkten werden ausschließlich kostenlos zur Verfügung gestellte Waren angeboten, es werden keine Produkte zugekauft – denn SOMA ist kein „Billig-Discounter", der in Konkurrenz zum Handel steht. SOMA bietet daher auch kein permanentes, gleich bleibendes Produktsortiment an, sondern ein andauernd wechselndes Sortiment von Produkten, die uns von Handel und Industrie zur Verfügung gestellt werden.

Unsere Handels- und Industriepartner haben die SOMA-Idee von Anfang an gefördert, und ohne ihre Kooperation wäre diese Idee auch gar nicht zu verwirklichen. Daher geht unser spezieller Dank an alle unsere Unterstützer aus diesem Bereich. Nur so ist es möglich, Lebensmitteln eine zweite Chance zu geben – sie nicht einfach zu entsorgen, sondern sie Menschen, die am Rande der Armut leben, als Unterstützung in ihren schwierigen Lebensumständen zukommen zu lassen. Durch den „symbolischen" Preis, den wir verrechnen, werden auch diese Menschen zu Kunden – und nicht zu Almosenempfängern.

Länder und Kommunen sind ebenfalls wichtige Wegbegleiter von SOMA. Allen voran die Stadt Linz mit Herrn Bürgermeister Dr. Franz Dobusch und seinem Team, das Land Niederösterreich mit Herrn Landeshauptmann Dr. Pröll und Herrn Mag. Fakler, Landesgeschäftsführer AMS NÖ, sowie das Land Kärnten.

Ohne ihre Unterstützung wäre vieles nicht machbar gewesen. Die vielen anderen, die noch zu nennen wären und nicht genannt werden, mögen mir verzeihen – es würde den Rahmen dieses Vorworts bei weitem sprengen.

Nicht zu vergessen sind auch die MitarbeiterInnen, denen wir neue Arbeitsplätze bieten können, und die zahlreichen ehrenamtlichen MitarbeiterInnen, die viele Stunden ihrer Freizeit für die SOMA-Idee investieren.

Natürlich hat es uns sehr geholfen, dass wir im Laufe der Jahre eine Reihe von Auszeichnungen bekommen haben. Sie dokumentieren, dass diese Idee eine einzigartige war, als SOMA am 9.9.1999 realisiert wurde. Der Familienoskar des Landes Oberösterreich, der Preis der Menschlichkeit des ORF, der Preis der Wirtschaft von der Bundeswirtschaftskammer, um nur einige der zuerkannten Auszeichnungen zu erwähnen, sind Anerkennungen, die wir gerne mit allen unseren Unterstützern und Kooperationspartnern teilen. Umso mehr haben wir uns gefreut, dass wir im Juni 2008 – unter der Patronanz der Sozialpartner, der Bundeswirtschaftskammer und des Gewerkschaftsbundes – im Hause des Sozialministeriums in Wien SOMA Österreich & Partner gemeinsam aus der Taufe heben konnten.

Wir, die „Gründer“ von Soma, haben diesen Verein ausschließlich ehrenamtlich und für gemeinnützige Zwecke gegründet: Dagmar und Gerhard Lassnig, Eckhard Tasler, Christian Wellech, meine Frau Ilse und ich hätten uns nie träumen lassen, dass sich diese Idee über Linz hinaus nahezu flächendeckend in Österreich verbreiten und eine Reihe von Menschen dazu inspirieren würde, sie auf die eine oder andere Art auch umzusetzen.

Wir haben aber auch gelernt, dass die SOMA-Idee eine von vielen Ideen ist, Menschen zu helfen, sie aus ihrer Einsamkeit, ihrer Isolation und Ausgegrenztheit zu holen und das Miteinander in der Gesellschaft zu fördern. Zahlreiche Menschen in Österreich arbeiten schon lange Zeit ehrenamtlich in verschiedensten Bereichen, um den Schwächeren der Gesellschaft oder Menschen in Not zu helfen.

Die SOMA-Idee geht heuer in das 11. Jahr und hat sich – ausgehend von Linz, wo 1999 der erste SOMA Markt gegründet wurde – inzwischen quer durch ganz Österreich ausgebreitet. Dass es inzwischen 35 SOMA-Märkte gibt, ist der Beweis dafür, wie wichtig sie sind: Immer mehr Menschen brauchen die Unterstützung von SOMA – aber auch immer mehr Menschen unterstützen SOMA bei der Verwirklichung seiner Idee.

Damit Österreich auch in Zukunft ein Land bleibt, in dem das Miteinander vor dem Trennenden steht, braucht unsere Gesellschaft weiterhin viele Unterstützer in vielen Bereichen. Die SOMA-Idee und dieses Kochbuch mögen dazu ein kleiner Anstoß sein. Unser besonderer Dank gilt diesbezüglich Herrn Burgschauspieler Karlheinz Hackl, unter dessen Patronanz das „Kochbuch der Nächstenliebe“ entstanden ist.

Ihr

Gerhard Steiner

PS: Der Erlös dieses Kochbuchs kommt ausschließlich gemeinnützigen Zwecken zugute und leistet einen Beitrag dazu, dass wir noch mehr Menschen unterstützen können.

Wenn Sie über den Kauf dieses Kochbuchs hinaus noch mehr helfen wollen, freuen wir uns über Ihre Spende auf das **Konto Nr. 32.273.370.001** (lautend auf SOMA Sozialmarkt Österreich & Partner) bei der Volksbank Krems-Zwettl, **BLZ 41210**.

Die Idee der SOMA-Sozialmärkte ist bestechend einfach.

Handel und Industrie stellen ihre Produkte zur Verfügung, die noch zum Konsum geeignet sind (ausgenommen sind Alkohol und Zigaretten), aber nicht mehr in den Supermärkten zum Verkauf gelangen – z.B. wegen leichter Verpackungsschäden, Fehletikettierungen, auf Grund von Überproduktion oder weil die Restlaufzeit für den Handel zu kurz ist.

Diese Unternehmen ersparen sich Lager- sowie hohe Entsorgungskosten, und sie unterstützen gleichzeitig sozial bedürftige Menschen.

Die Waren werden Menschen, die an der Armutsgrenze oder darunter leben, in den SOMA-Märkten zu symbolischen Preisen angeboten.

Es werden ausschließlich kostenlos zur Verfügung gestellte Waren angeboten und keine Produkte zugekauft, um nicht mit Handel und Industrie in Konkurrenz zu treten.

SOMA-Kundinnen und -Kunden

Im Zuge einer Sozialberatung wird anhand des Einkommens die Bedürftigkeit festgestellt und der SOMA-Einkaufspass ausgestellt. Menschen mit geringem Einkommen haben die Chance, sich finanzielle Handlungsspielräume zu schaffen, die die Lebensqualität nachhaltig verbessern – das bei SOMA eingesparte Geld fließt in den Handel zurück, die Kaufkraft wird gestärkt.

SOMA-Märkte

Derzeit betreuen 35 SOMA-Märkte rund 40.000 Kundinnen und Kunden in nahezu allen Bundesländern Österreichs. Alle Mitglieder von SOMA Österreich & Partner sind gemeinnützige Vereine oder Gesellschaften. Wir haben klare Richtlinien betreffend Preisgestaltung und Lebensmittelhygiene. Im Verantwortungsbereich des einzelnen Partnermarktes gibt es eine Eingangs-Qualitätskontrolle der Produkte sowie eine laufende Kontrolle im Geschäft.

Langzeiterwerbslosen-Qualifizierung

Ein weiterer Schwerpunkt der SOMA-Idee ist die Qualifikation von Langzeiterwerbslosen im Einzelhandel. Nach erfolgter Schulung in den Bereichen Warenannahme, Lager, Regalbetreuung, Thekenverkauf und Kasse, ist es das Ziel, diese im Einzelhandel wieder in den 1. Arbeitsmarkt zu integrieren. Zusätzlich bilden einzelne Partnerbetriebe Lehrlinge an ihren Standorten aus.

Eine ausgezeichnete Idee!

Dieses Projekt war vom Start weg (1999 in Linz) höchst erfolgreich und hat inzwischen zahlreiche Auszeichnungen erhalten – vom „Preis der Menschlichkeit" über den „Familienoscar" und die „SozialMarie" bis hin zum „Preis der Wirtschaft".

Das Programm „Jobimpuls" der Stadt Linz bietet Menschen nach schwierigen Lebensphasen eine Möglichkeit, wieder im Arbeitsleben Fuß zu fassen.

SOMA entwickelt sich weiter.

Der Dachverband „SOMA Österreich & Partner" bietet neue organisatorische Vorteile: Unternehmen, die Produkte zur Verfügung stellen, haben nur noch einen einzigen Ansprech-Partner, der für alle SOMA- Märkte Österreichs zuständig ist. Eine im Hintergrund laufende Logistik ermöglicht es, die Waren kurzfristig von unseren Partnerbetrieben abzuholen und auf die einzelnen Mitgliedsmärkte aufzuteilen.

Für Gebiete, in denen das Einzugsgebiet so groß ist, dass die KundInnen eine weite oder komplizierte Anreise hätten, wurde eine neue Idee realisiert: der Mobile SOMA-Markt, der auch zu Menschen unterwegs ist, die keine Möglichkeit haben, an einen unserer Standorte zu kommen.

Um auch in Zukunft dem steigenden Bedarf und Aufwand erfolgreich nachkommen zu können, ist der gemeinnützige Verein stets bemüht, weitere Partner und Förderer zu finden.

Aus diesem Grund gibt SOMA Österreich & Partner in Zusammenarbeit mit Burgschauspieler Karlheinz Hackl, seinen Partnern und KundInnen das „SOMA Kochbuch der Nächstenliebe" heraus. Informationen dazu finden Sie auf: ***www.somaundpartner.at***

Die Kooperation mit SOMA Österreich & Partner ist gelebte Corporate Social Responsibility.

Eine neue Idee von SOMA: Der Mobile SOMA-Markt Ansfelden hilft, ein größeres Einzugsgebiet abzudecken

Sozialminister Rudolf Hundstorfer besucht den Mobilen SOMA-Markt Waldviertel

Die 35 SOMA-Märkte in Österreich…

„Die meisten Menschen halten sich beharrlich die Ohren zu, nur um sagen zu können, sie haben die Hilfeschreie nicht wahrgenommen.“

Vera Hinselmann

Amstetten

Ansfelden Mobil

Deutschlandsberg

Eferding

Enns

Fürstenfeld

Graz Herrgottwiesgasse

Graz Rochelgasse

Judenburg

Klagenfurt Kaufmanngasse

Klagenfurt Waidmanndorf

Klosterneuburg

Krems

Leibnitz

Linz

Mödling

Oberwart

Perg Mobil

… von A wie Amstetten bis Z wie Zukunft.

Salzburg

Schwechat

Spittal an der Drau

St. Pölten

St. Veit

Stockerau

Ternitz

Tulln

Villach

Waidhofen

Waldviertel Mobil

Wien, 6. Bezirk

Wien, 7. Bezirk

Wien, 15. Bezirk

Wien, 21. Bezirk

Wiener Neustadt

Wolfsberg

„Wie oft hört man: »Man kann ja nicht allen Menschen auf der Welt helfen!« Na und? Helfen wir einem, und wenn wir dem geholfen haben, dann helfen wir dem nächsten."

Wolfgang J. Reus

„Wir bestreiten unseren
Lebensunterhalt mit dem,
was wir bekommen,
und wir leben von dem,
was wir geben.“

Winston Churchill

Meine 14 Tage bei SOMA

Im Rahmen des Projektes „Compassion" verbrachte ich zwei Wochen im und mit dem SOMA Salzburg. Der Sozialmarkt, kurz SOMA, ist eine soziale Einrichtung, die am Montag, Mittwoch und Freitag jeweils von 14 bis 17 Uhr für ihre Kundinnen und Kunden offensteht.

Um einkaufen zu können, benötigt man einen Ausweis, der immer mittwochs ausgestellt werden kann, sofern ein Lichtbildausweis, Meldeschein und Einkommensnachweis sowie ein Foto der betreffenden Person vorliegen.

Um einen Ausweis zu erhalten, darf die Einkommensgrenze nicht überschritten werden, die bei Einzelpersonen bei 800 € liegt und bei Paaren bei 1.200 €. Dieser Ausweis ist bei jedem Einkauf vorzuzeigen; er gilt ein Jahr lang, danach muss man ihn neu beantragen. Mit ihm kann man dreimal die Woche für je 8 € einkaufen (exklusive diverse Sonderangebote), außer man wohnt außerhalb der Kernzone oder hat aufgrund einer bestimmten Beeinträchtigung nicht die Möglichkeit, den Weg dreimal zurückzulegen. In diesem Fall bekommt man den grünen Punkt, was bedeutet, dass man einmal die Woche um 24 € einkaufen kann.

SOMA Salzburg ist eine Non-Profit-Organisation, darf also keinen Gewinn erwirtschaften und besteht ausschließlich aus freiwilligen Mitarbeiterinnen und Mitarbeitern.

Die Ware, die SOMA von verschiedenen Geschäften bezieht, wird von den Freiwilligen abgeholt, einsortiert, deklariert und verkauft. Außerdem kümmert sich noch jemand um die Buchhaltung, das Ausstellen der Ausweise, allfällige Büroarbeit und natürlich Repräsentation bzw. Kontakt zu den beliefernden Firmen.

In meiner Zeit bei SOMA durfte ich in allen Teilbereichen mitarbeiten und bekam so einen Einblick in die nicht eben einfache Arbeit, die diese Menschen völlig freiwillig leisten, ohne Bezahlung, dafür mit viel Elan.

Der Vormittag ist für die Abholung und Einsortierung der Waren reserviert. Diese müssen von Mitarbeitern mit ihren Privatautos von den verschiedenen Geschäften abgeholt werden. Um einen reibungslosen Verkauf zu gewährleisten, müssen die Artikel auch alle einsortiert werden, was eine sehr anstrengende Arbeit darstellt. Die Preisfestlegung findet dann meistens im Team statt, das aus dem Tagesverkaufsleiter und den anwesenden Freiwilligen besteht. Es wird darauf geachtet, alle Waren immer um zwei Drittel billiger anzubieten als im billigsten regulären Shop. Zu diesem Zweck gibt es sogar einen eigenen Ordner mit Lebensmittelprospekten aus den letzten Monaten.

Während der Verkaufszeit teilt sich dann das Team. Eine oder zwei Personen stehen an der Kassa, eine hält sich im Verkaufsraum auf, um für Fragen zur Verfügung zu stehen, eventuell Hilfestellung zu leisten, auf besondere Angebote hinzuweisen und bei Bedarf Waren nachzuschlichten.

Jeden Mittwoch kommt zusätzlich eine Mitarbeiterin, die neue Ausweise ausstellt oder die Bedingungen dafür erklärt, da viele Kunden beim ersten Mal nicht wissen, welche Unterlagen sie benötigen. Allein im Jahr 2010 gab es bereits zahlreiche Neuausstellungen, was zeigt, wie groß der Bedarf an einem solchen Sozialmarkt ist.

Allerdings ist es sicher so, dass sich viele Menschen ihrer sogenannten „Bedürftigkeit" so sehr schämen, dass sie nicht den Mut finden, sich offen dazu zu bekennen und den Schritt zu SOMA zu wagen. Hier muss ein Wandel in der Gesellschaft stattfinden: dahingehend, dass sozial benachteiligte Menschen nicht mehr mit der jetzigen Arroganz vieler „Besserverdiener" konfrontiert werden, sondern mit Zivilcourage und sozialem Engagement zu ihren Gunsten.

Veronika Hofer (St. Ursula, 7b)

Glauben Sie, ich schaff das?

(Interview mit Herrn Z.)

Ich lebe schon seit mehr als 10 Jahren in Österreich und komme eigentlich aus Bosnien. Früher habe ich immer eine Arbeit gehabt, aber die Zeiten werden schlechter, und ich bin jetzt beim AMS gemeldet. Mit dem wenigen Geld vom AMS kann ich schwer meine Frau mit drei Kindern durchbringen. Das AMS hat mich zum SOMA in die Neustiftgasse geschickt, damit ich vielleicht eine Arbeit kriege.

Der Herr Carsten hat mich einiges über mein Leben und Arbeiten gefragt, und dann durfte ich als Trainingskraft im Sozialmarkt anfangen. Das ist aber noch keine richtige Arbeit, weil ich das Geld noch vom AMS bekomme. Gut ist, dass ich mir einen Einkaufspass besorgen und damit billige Lebensmittel für meine Frau kaufen kann.

Ich habe vorher noch nie in einem Supermarkt gearbeitet und muss jetzt erst alles lernen. Aber in einem Lager kenn' ich mich aus, und so darf ich öfter im Lager arbeiten, was mich sehr freut. Nach 5 Wochen wird entschieden, ob ich den freien Platz von einer Kollegin bekomme. Ich habe ein Riesenglück, denn dann bin ich richtig angestellt und bekomme auch ein richtiges Gehalt.

Das Gespräch mit dem Herrn Robert war gar nicht so schlimm, wie ich geglaubt habe. Er ist der Sozialarbeiter und wird mir helfen, in den nächsten 6 Monaten eine noch bessere Arbeit zu finden (*auf dem ersten Arbeitsmarkt – Anmerkung der Redaktion*). Aber ich muss fleißig mithelfen: Berufsorientierung und Bewerbungstraining, Hygienevorschriften lernen, mein Deutsch verbessern und vieles mehr. Glauben Sie, Herr Robert, ich schaff' das in den 6 Monaten?

Mein Deutsch verbessere in einem Nachbarschaftszentrum im 17. Bezirk, weil ich dort in der Nähe wohne. Die Gruppe ist sehr angenehm, und ich trau mich auch öfter, zu reden. Frau Nora unterstützt mich beim Schreiben von Bewerbungen und gibt mir so manchen nützlichen Tipp. Bei der Frau Sabine lerne ich den Umgang mit der Kassa. Vor dieser Arbeit habe ich richtig Angst gehabt, aber jetzt nicht mehr. Jetzt sind schon vier Monate um, und ich glaube, dass ich es schaffen werde, eine Lagerarbeit oder sogar eine Arbeit in einem Supermarkt zu bekommen.

Zum Einkaufen in den 7. Hieb*

(Interview mit Frau Erna)

Ich bin schon über 80 Jahre alt und hab schon viel mitgemacht. Auch schwere Zeiten. Mit meiner Witwenpension komme ich so über meine Runden. Muss ich doch! Der Sozialmarkt ist für mich ein Segen. Ich kann dort mit meinem Einkaufspass sehr billig Lebensmittel einkaufen. Ein halbes Kilo Brot ist sogar gratis, und auch was Süßes für meinen Nachmittagskaffee bekomme ich umsonst.

Da ich im 10. Hieb wohne, fahre ich nur einmal in der Woche in den 7. Hieb, um meine Einkäufe zu tätigen. Ich könnte ja öfter einkaufen, aber die Strecke ist mir zu weit, und ich tu mir schon schwer mit dem Gehen.

Besonders freue ich mich über Fertigprodukte. Die brauche ich zu Hause nur mehr in der Mikrowelle, die mir mein Enkerl einmal gekauft hat, wärmen. Das geht ganz schnell, und ich brauch gar nicht auf meinem alten Gasherd was kochen.

Die Leute dort sind sehr verständnisvoll, weil eigentlich gehe ich gar nicht gerne in den Sozialmarkt einkaufen. Irgendwie geniere ich mich, aber andererseits ist es für mich eine große Hilfe. Das Geld, das ich durch den Einkauf im SOMA sparen kann, brauche ich für das Heizen im Winter. Auch für die Geburtstage meiner Enkelkinder, ich habe drei, und bald werde ich auch Uroma, kann ich das ersparte Geld gut gebrauchen.

Ich habe im Sozialmarkt sogar einen Computer für meine Enkelin gekauft. Der Herr Robert hat mir vorher alles geduldig erklärt, weil ich versteh ja nichts davon. Die Lisa, meine Enkelin, hat sich riesig gefreut, weil sich ihre Eltern diese Ausgabe für die Schule gar nicht leisten können.

Was ich noch sehr gut finde, ist, dass in dem Markt Arbeitslose arbeiten. Nichts ist beschämender, als keine Arbeit zu haben. Das hat mein Vater erlebt, und das war für mich als Kind gar nicht schön.

Traurig ist es, dass nach so langer Zeit die Arbeitslosigkeit noch immer ein Problem ist.

* *Ein „Hieb" ist ein Wiener Gemeindebezirk – Anmerkung der Redaktion*

Das sagen unsere KundInnen und MitarbeiterInnen in Linz

Anna D. ist 65 Jahre und schwer herzkrank. Mit ihrem Mann hat sie 38 Jahre in Deutschland gelebt. Nun gibt es Probleme mit der Anerkennung der Pension, und so muss das Paar mit knapp € 900,- über die Runden kommen.

> *„Ich weiß nicht, wie wir ohne SOMA überleben könnten. Diese Einrichtung ist für viele Menschen eine große Hilfe. Wir nutzen das gesamte Sortiment, vor allem Brot ist sehr günstig."*

Zahre Najafi ist 1989 aus dem Iran geflüchtet, mittlerweile ist sie Österreicherin. Aufgrund einer Erkrankung ist sie seit 6 Jahren arbeitslos, der Antrag auf Invalidenpension wurde abgelehnt. Sie lebt mit ihrem Sohn von € 500,- monatlich.

> *„Mir gefällt das unterschiedliche Angebot, ich finde immer etwas Neues. SOMA ist einzigartig. Ich kenne kein anderes Land, wo etwas Ähnliches für arme Menschen angeboten wird."*

Alfred Haslmayr ist 50 Jahre alt und war Bauspengler. Seit 10 Jahren ist er aufgrund von Gelenksschäden und Bandscheibenproblemen arbeitsunfähig.

> *„Ich kaufe in erster Linie Getränke oder Süßigkeiten, die ich mir sonst nicht leisten könnte, aber auch Frischwaren. Beeindruckt bin ich von dem neuen Markt in Linz. Man hat überhaupt nicht den Eindruck, in einem Sozialmarkt einzukaufen."*

Raum für soziale Kontakte: Im Café SOMA Linz gibt es nicht nur gutes Essen für wenig Geld – vor allem gibt es die Möglichkeit, andere Menschen zu treffen, zu plaudern, sich zu entspannen …

Manuela Schopper, Küchenkraft

„Ich bin 24 Jahre alt und seit vorletztem Jahr im Café SOMA beschäftigt. Seitdem habe ich mich sehr entwickelt. Das Team hat mich mitgerissen, und es wurde mir etwas zugetraut. Ich finde es toll bei SOMA und möchte hier so viel wie möglich dazulernen."

Edith Schwark, Lehrling

„Ich war der erste Lehrling bei SOMA. Nach einer schwierigen Phase hatte ich meine Lehre abgebrochen. Dann konnte ich meinen Abschluss bei SOMA nachholen. Mir hat es einfach toll gefallen, weil die Arbeit interessant war und ich Kontakt zu vielen Menschen hatte. Inzwischen habe ich meine Lehre mit Auszeichnung abgeschlossen und freue mich riesig, dass ich das geschafft habe.“"

Wilfried Tauchen, ehrenamtlicher Fahrer

„Mit meiner Pensionierung begann ein völlig neuer Lebensabschnitt. Ich war im Vertrieb tätig und ständig unterwegs, zu Hause zu bleiben war für mich unmöglich. Jetzt fahre ich ehrenamtlich für SOMA. Ich möchte zu dieser großartigen Idee auf jeden Fall meinen Beitrag leisten."

Erika Pröll, Jobimpuls

„Jobimpuls integriert jährlich rund 300 SozialhilfebezieherInnen und jugendliche Randgruppen im Alter von 16 bis 62 Jahren. 25 bis 30 davon sind jährlich auf 3 Jahre befristet bei SOMA eingesetzt. Durch einen passgenauen Einsatz, ein allgemeines u. berufsspezifisches Arbeitstraining und die Möglichkeit einer Aus- u. Weiterbildung können sich Jobimpuls-MitarbeiterInnen gut in die Arbeitswelt von SOMA integrieren und wertvolle Erfahrungen für die weitere berufliche Laufbahn sammeln."

„Was ein Mensch an Gutem in
die Welt hinaus gibt, geht nicht
verloren. Und es kehrt wieder
zu einem zurück."

Albert Schweitzer

Guten Appetit – gemeinsam!

Suppen

Andalusische Paradeissuppe

Zutaten:

700 g reife Tomaten
1 kleine Zwiebel
2 Knoblauchzehen
1 Scheibe trockenes Weißbrot
2 EL Öl
2 TL Essig
etwas Pfefferminze
Salz
Chili
¼ l Eiswasser

So wird's gemacht:

Tomaten in Stücke schneiden, Zwiebel und Knoblauch grob hacken, Brot fein zerkrümeln, mit Öl, Essig, Eiswasser fein pürieren (Mixstab oder Mixer). Mit Salz und Chili abschmecken, in Gläser füllen und mit Minze garnieren.

Mein Menüvorschlag:

Hauptgericht: Schwammerl-Strudel (S. 91)
Dessert: Frozen Mint-Chocolate (S. 154)

Gutes Gelingen wünscht
Sylvia El-Khoury, Mödling

„Dem Nächsten muss man helfen: Es kann uns allen ja Gleiches begegnen."

Friedrich von Schiller

Wir in Niederösterreich sind seit Jahren darum bemüht, näher dran zu sein, wenn es um die Anliegen unserer Bürgerinnen und Bürger geht. Ebenso arbeiten wir beständig daran, unser Land zu einer sozialen Modellregion zu machen. Ein wesentlicher Grundsatz dabei ist, dass wir auch jenen helfen müssen, die bei dem rasanten Tempo unserer Zeit nicht mitkommen. Auch diesen Menschen wollen wir die Hand reichen.
Die Tatsache, dass 12 von 35 SOMA-Märkten in Niederösterreich errichtet wurden, unterstreicht, wie ernst es uns mit unserem Engagement im sozialen Bereich ist. Umso mehr freue ich mich über das „SOMA Kochbuch der Nächstenliebe". Es ist ein weiterer, sehr bodenständiger und sympathischer Beitrag dazu, dass Menschen unterstützend unter die Arme gegriffen werden kann. Dieses Miteinander hat Niederösterreich stark und erfolgreich gemacht. Und dieses Miteinander müssen wir uns auf dem Weg in die Zukunft weiter bewahren.

Dr. Erwin Pröll,
Landeshauptmann von Niederösterreich

Asia Suppe

Zutaten:

150 g Fleisch oder Tofu
1 Schalotte oder Zwiebel
Asia Pilze nach Belieben
2 Frühlingszwiebeln
1 EL Butter
1 Karotte
1 Sellerie
1 l Geflügelbrühe
200 g Sojasprossen
1 EL dunkle Sojasoße
1 TL Tomatenmark
2 EL Essig
1 EL Speisestärke
3 EL brauner Zucker
Salz, Pfeffer

So wird's gemacht:

Fleisch oder Tofu in kleine Würfel schneiden. Die Sojasprossen durch ein Sieb abschütten, mit kaltem Wasser abspülen und gut abtropfen lassen. Schalotte oder Zwiebel schälen und in kleine Würfel schneiden. Pilze klein schneiden. Frühlingszwiebeln in Ringe schneiden und beiseitestellen. Den Wok erhitzen, die Butter darin schmelzen und die Schalotte/Zwiebel darin glasig dünsten. Fleisch hinzugeben und anbraten. Das fein geschnittene Gemüse und die Pilze dazugeben und 2 bis 3 Min. unterrühren.
Anschließend mit der Brühe aufgießen, die Sojasprossen in den Wok geben und ca. 5 Min. bei geringer Hitze weiterkochen lassen. In der Zwischenzeit in einer kleinen Schüssel Sojasoße, Tomatenmark, Essig, Speisestärke und Zucker verrühren und in die Suppe einlaufen lassen. Die Suppe mit Salz und Pfeffer würzen und zum Schluss die Frühlingszwiebeln unterrühren.

Gutes Gelingen!

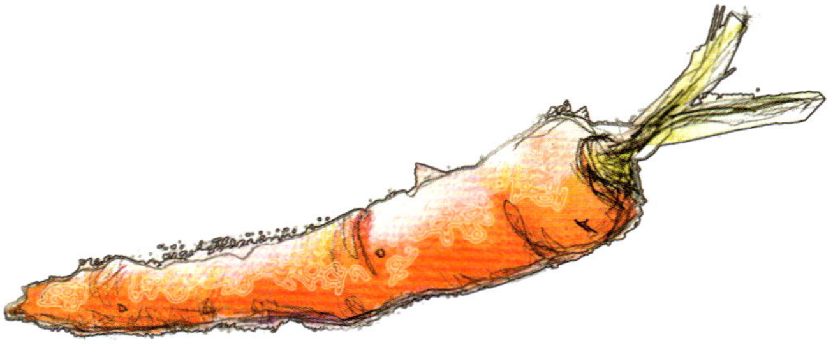

„Lieber eine Kerze anzünden, als über die Finsternis klagen."

Asiatisches Sprichwort

Bindermichler Tomaten-Reissuppe mit Fleischbällchen

Zutaten:

2 l Wasser
150 g Naturreis
2 Pkg Tomaten-Basilikum-Suppe
1 Dose (420 g) Brätkügeli* in weißer Soße
1 bis 2 Dosen (400 g) Tomaten in Stücken
2 Zwiebeln
3 bis 4 Knoblauchzehen
1 frischer Paprika
mind. 1 TL Salz, nach Belieben: Pfeffer
Paprika, Rosmarin, Koriander, Ingwer, Zimt, frisches Basilikum, frischer Salbei, frischer Schnittlauch

So wird's gemacht:

Zunächst 1 ½ l Wasser zum Kochen bringen, Reis hinzufügen, 10 Min. köcheln lassen. Inzwischen die beiden Packungen Tomaten-Basilikum-Suppe in ½ l kaltes Wasser einrühren, danach Zwiebeln, Knoblauchzehen und Paprika in Stücke/Streifen schneiden und langsam dem kochenden Reis hinzufügen. Nach den ersten 10 Min. die Tomaten-Basilikum-Mischung einrühren, gleich danach die Brätkügeli, die Tomatenstücke und das Salz beigeben. Ca. weitere 5 Min. köcheln lassen und die restlichen Gewürze nach Belieben hinzufügen. Sollte die Suppe zu dickflüssig werden, etwas Wasser beigeben. Zum Anrichten Basilikum, Salbei und/oder Schnittlauch darüberstreuen.

Gutes Gelingen wünscht
Horst Bäcker, Linz

* „Schwyzerdütsch" für Fleischbällchen

Bärlauchsuppe

Zutaten:

100 g Bärlauch
20 g Butter
20 g Mehl (glatt)
½ l Gemüsesuppe (kalt) ½
250 ml Schlagobers
Salz, Pfeffer

So wird's gemacht:

Bärlauch kurz in kochendem Salzwasser blanchieren, in eiskaltem Wasser abschrecken, gut abtropfen lassen, fein schneiden. Butter heiß werden lassen, Mehl mit dem Schneebesen einrühren, aufgehen lassen, ohne dass es Farbe nimmt, mit der kalten Suppe aufgießen. Eine Viertelstunde auf kleiner Flamme kochen lassen, immer wieder gut durchrühren, mit Salz und Pfeffer abschmecken, Schlagobers und Bärlauch dazugeben, mit dem Stabmixer pürieren.

Außerhalb der Bärlauchzeit kann man diese Suppe auch mit Blattspinat (eventuell etwas Knoblauch beigeben) zubereiten.

Gutes Gelingen wünscht
Markus Forster, Waldviertel

„Bei allem, was man mit dem Herzen tut, braucht man keinen Helfer."

Japanisches Sprichwort

Böhmische Reissuppe (Ryzova pderka)

Zutaten:

1 ½ l Wasser
2 Handvoll Reis (ungeschält)
1 mittelgroße Zwiebel
½ TL Kümmel
Salz, Pfeffer
Maggikraut (Liebstöckel)
2 Champignons (oder getrocknete Pilze)
Öl und glattes Mehl für die Einbrenn

So wird's gemacht:

Reis im Salzwasser kochen. Feingehackte Zwiebel, 2 Blätter Liebstöckel, Kümmel und feingeschnittene Schwammerl dazugeben. Etwa 20 Min. kochen, inzwischen aus 3 EL Öl und 2 EL Mehl eine Einbrenn vorbereiten, die Suppe damit eindicken und zum Schluss mit ein wenig Pfeffer abschmecken.

Mein Menüvorschlag:

Hauptgericht: Lebenice (S. 127)
Dessert: Liwanzen (S. 160)

Gutes Gelingen wünscht
Hana Rigo, Neuhofen a.d. Krems

Brotsuppe mit Schnittlauch und Rahm

Zutaten:

½ kg Brot
2 Zwiebeln
1 ½ l klare Suppe
2 Knoblauchzehen
eventuell 4 EL Rahm
Schnittlauch

So wird's gemacht:

Brot in Würfel schneiden und in Öl anrösten. Zwiebeln und Knoblauch mitrösten, mit Suppe aufgießen und gut aufkochen. Mit Schnittlauch bestreuen und eventuell mit einem Löffel Rahm servieren.

Mein Menüvorschlag:

Hauptgericht: Lachs-Gemüsestrudel (S. 124)
Dessert: Zwetschkenfleck (S. 179)

Gutes Gelingen wünscht
Christine Zubal, Wien

„Sei gütig, denn alle Menschen, denen du begegnest, kämpfen einen schweren Kampf."

Platon

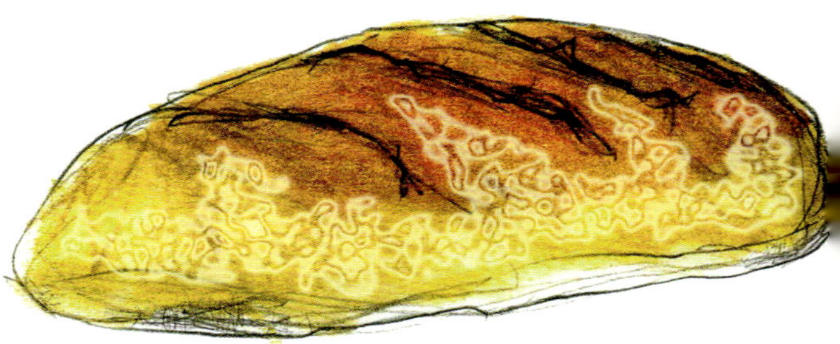

Bunte Gemüsesuppe

Zutaten:

1 Zwiebel
300 g Suppengemüse nach Angebot
Suppennudeln nach Belieben
2 Suppenwürfel
Salz, Pfeffer
2 EL Öl
1 l Wasser

So wird's gemacht:

Gemüse putzen und würfeln, Zwiebel würfeln und in Öl etwas anbraten, mit Wasser aufgießen, würzen. Etwa 15 Min. köcheln lassen. Suppennudeln beigeben und weitere 5 Min. kochen.

Mein Menüvorschlag:

Hauptgericht: Beyrouter Kartoffelauflauf (S. 53)
Dessert: Obstsalat

Gutes Gelingen wünscht
Sylvia El-Khoury, Mödling

„Niemand ist nutzlos in dieser Welt, der einem anderen die Bürde leichter macht."

Charles Dickens

Eingetröpfelte Suppe

Zutaten:

1 EL Rindsuppe
2 EL Mehl
1 Eiweiß
Salz
Schnittlauch
(Eidotter für Puffer verwenden)

So wird's gemacht:

Mehl, Eiweiß und Salz zu einem Teig versprudeln und in die langsam kochende Suppe eintröpfeln lassen. Mit Schnittlauch garnieren.

Mein Menüvorschlag:

Hauptgericht: Sauerkrautpuffer (S. 89)
Dessert: Zwetschkenknödel nach Omas Rezept (S. 145)

Gutes Gelingen wünscht
Gabriele Kapun, Tulln

Erbsensuppe

Zutaten:

¼ kg Lauch
¼ kg Karotten
¼ kg Kartoffeln
½ kg Erbsen
2 Suppenwürfel

So wird's gemacht:

Lauch waschen, putzen und in kleine Stücke schneiden. Kartoffeln und Karotten schälen und würfeln.
Lauch, Kartoffeln und Karotten in einem großen Topf in heißem Öl andünsten. 1 Liter Wasser aufgießen und aufkochen lassen.
1 Suppenwürfel, gefrorene Erbsen und Majoran hinzugeben und bei kleiner Hitze 15 Min. köcheln lassen. Suppe pürieren. Sahne hinzugeben und mit Salz und Pfeffer abschmecken. Die Suppe mit Petersilie garnieren.
Besonderes Schmankerl: ein Würstel dazu servieren.

Mein Menüvorschlag:

Hauptgericht: Krautfleckerl vegetarisch (S. 100)
Dessert: Eis

Gutes Gelingen wünscht
Traude Schennk, Wien

Erbsen-Zucchini-Karotten-Suppe mit Knoblauchcroutons

Zutaten:

2 Pkg (jeweils 500 g) „Fior Di Crema"
(Sorten: Verdure [Gemüse] & Cereali [Getreide], Piselli [Erbsen] & Zucchine [Zucchini])
1 Dose (800 g) Erbsen & Karotten
200 bis 250 g Semmelwürfel
2 Knoblauchzehen
2 EL Olivenöl
1 TL Salz
Pfeffer, Paprika, Rosmarin, Oregano
eventuell ¼ bis ½ l Wasser

So wird's gemacht:

„Fior Di Crema" in ein größeres Gefäß geben und zum Kochen bringen. Inzwischen Erbsen und Karotten abseihen, gut durchspülen, gemeinsam mit dem Salz der Suppe hinzufügen. Nun alles ca. 5 Min. köcheln lassen; wenn die Masse zu dickflüssig ist, ¼ l Wasser hinzugeben. Abschließend nach Belieben Paprika und Pfeffer hinzufügen und Rosmarin und/oder Oregano darüberstreuen. Während die Suppe kocht, Olivenöl in einer Pfanne mit dem kleingehackten Knoblauch erhitzen, Semmelwürfel hinzugeben und anrösten. Beim Servieren die Suppe entweder mit Croutons überstreuen oder die Croutons in einem separaten Gefäß zum Selbernehmen anbieten.

Gutes Gelingen wünscht
Horst Bäcker, Linz

„Die Menschen bauen zu viele Mauern und zu wenig Brücken."

Isaac Newton

Erdäpfelsuppe

Zutaten:

50 g Sellerie
50 g Petersilwurzel
50 g Karotten
50 g Porree
¾ l Wasser
250 g Kartoffeln (würfelig)
Majoran
Kümmel
Lorbeerblatt

So wird's gemacht:

Sellerie, Petersilwurzel, Karotten und Porree kleinschneiden. Mit Majoran, Kümmel, einem Lorbeerblatt und ¾ l Wasser halb garkochen, dann ca. 250 g Kartoffeln dazugeben und fertigkochen, würzen und abschmecken.
Man kann auch eine kleine Einbrenn mit ca. 40 g Fett und 40 g Mehl zubereiten, zur Suppe geben und gut verkochen. Zum Schluss abschmecken und einen Spritzer Essig dazugeben.

Gutes Gelingen wünscht
Eva R., Klagenfurt

Fastensuppe Provinciale

Zutaten:

3 l Wasser
300 g Weißkraut
3 Tomaten
150 g Sellerie
4 Karotten
2 Zwiebeln
Sojasoße
1 TL Salz
Pfeffer, Curry, Paprika
frisches Basilikum

So wird's gemacht:

Wasser zum Kochen bringen, inzwischen Karotten und Sellerie putzen, kleinschneiden und ins Wasser geben. Weißkraut kleinschneiden und in das zu kochen beginnende Wasser geben. Zwiebel schälen, in Halbringe schneiden und beigeben, zuletzt geachtelte Tomaten ins kochende Wasser geben. Wenn alles bissfest gekocht ist, etwas Sojasoße, Salz und Pfeffer, Paprika und Curry je nach Geschmack einrühren. Beim Anrichten etwas frisches Basilikum darüberstreuen.

Gutes Gelingen wünscht
Horst Bäcker, Linz

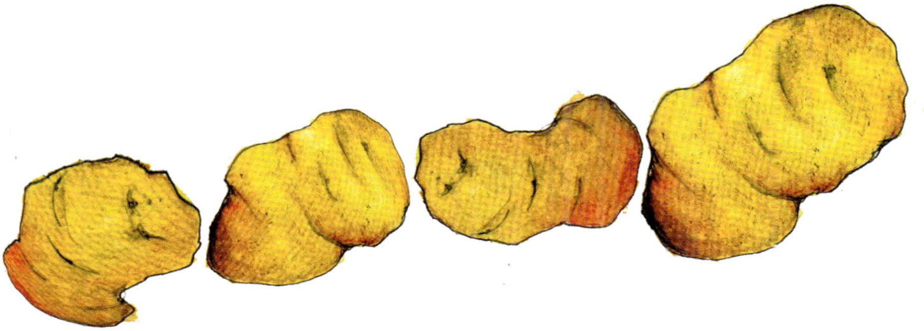

Frittatensuppe

Zutaten:

1 Suppenwürfel
125 g Mehl
¼ Liter Milch
⅛ Liter Mineralwasser
2 Eier
1 Eigelb
1 Prise Salz
Öl oder Butter zum Backen

So wird's gemacht:

Milch, Mineralwasser, Salz und Mehl glattrühren, Eier und Eigelb dazugeben und zu einem flüssigen Teig verrühren. Sollte er zu dick sein, dann noch Milch dazugeben, bis er flüssig ist.
Eine halbe Stunde rasten lassen. Danach in einer runden Pfanne Palatschinken ausbacken. Für die Nachspeise Palatschinken zur Seite legen, die anderen als Frittaten für die Suppe schneiden.

Mein Menüvorschlag:

Hauptgericht: Kartoffelgulasch (S. 50)
Dessert: Palatschinken mit Marmelade

Gutes Gelingen wünscht
Ariadne Kovacs, Klosterneuburg

„Willst du den Himmel gewiss haben, so tauge etwas für die Erde."

Aus Indien

Frühlingszwiebelsuppe mit Ingwer-Käsetoast

Zutaten:

2 Bund junge Zwiebeln
50 g Butter
¾ l Rindssuppe
20 g Mehl
Salz
weißer Pfeffer
200 ml Obers
1 Knoblauchzehe
4 Scheiben Toastbrot
ca. 150 g geriebener Käse
etwas gemahlener oder geriebener Ingwer

So wird's gemacht:

Die in längliche Scheiben geschnittenen Zwiebeln in Butter anschwitzen, mit Mehl stauben. Danach mit der Rindsuppe und einem kräftigen Schuss Obers aufgießen und mit Salz, Pfeffer und Knoblauch würzen. Die Suppe nun für ca. 15 Min. gut köcheln lassen.

In der Zwischenzeit das Backrohr auf ca. 120° C vorheizen (Oberstufe oder Gratinier-Funktion), die Toastscheiben dünn mit Butter bestreichen und mit dem geriebenen Käse bedecken. Am Schluss das Ingwerpulver über die Toasts streuen und im Rohr überbacken, bis sie knusprig sind.

Tipp:
Wer es schärfer möchte, kann frischen Ingwer reiben (die Ingwerknolle vorher schälen) und unter den geriebenen Käse geben.

Mein Menüvorschlag:

Hauptgericht: Zucchini-Karotten-Laibchen (S. 97)
Dessert: Becherkuchen mit Obst (S. 170)

Gutes Gelingen wünscht
Herta Eisa, Linz

„Damit das Mögliche entsteht, muss immer wieder das Unmögliche versucht werden."

Hermann Hesse

Gemüse-Kartoffelsuppe mit Steinpilzen

Zutaten:

Wurzelgemüse = Basisgemüse
Gemüse der Saison nach Belieben
Getrocknete Steinpilze (vorher einweichen)
speckige Kartoffeln
Salz, etwas Muskat, Pfeffer
1 Gemüsesuppenwürfel

So wird's gemacht:

Sämtliche Zutaten kleinschneiden, garkochen und dann einen Suppenwürfel dazugeben, mit Salz, Pfeffer und Muskat abschmecken, eingeweichte Steinpilze dazugeben und mit Sauerrahm und Mehl eindicken. Mit Petersilie garnieren.

Mein Menüvorschlag:

Hauptgericht: Eiernockerl (S. 73)
Dessert: Sachertorte (S. 176)

Gutes Gelingen wünscht
Eva-Maria Kandil, Stockerau

Gemüsesuppe

Zutaten:

Jeweils 100 g Karotten, Kohl, Kohlrabi, Bohnenschoten, grüne Erbsen
1 kleine Karfiolrose
1 bis 2 Kartoffeln
2 l Wasser
Salz

Einbrenn:
40 g Butter
50 g Mehl
etwas Petersilie

So wird's gemacht:

Das geputzte und gewaschene Gemüse nudelig oder würfelig schneiden und in Salzwasser weichkochen.
Eine Einbrenn bereiten und darin die gehackte Petersilie noch kurz durchrösten, mit Gemüsewasser oder zusätzlichem Wasser aufgießen und glatt versprudeln, zum weichgekochten Gemüse dazugeben und das Ganze noch einmal aufkochen lassen. Mit gebähtem Weißbrot servieren.

Mein Menüvorschlag:

Hauptgericht: Linseneintopf (S. 51)
Dessert: Zitronenpudding (S. 167)

Gutes Gelingen wünscht
Monika Wanke, Mödling

Hirsecremesuppe

Zutaten:

1 l Wasser
Suppenwürfel
½ Tasse gekochte Hirse
2 bis 3 EL Schlagobers
Schnittlauch

So wird's gemacht:

1 l klare Suppe zubereiten. Im Mixer die halbe Tasse gekochte Hirse mit etwas Wasser zu einer cremigen Masse mixen und in die Suppe einrühren. Mit 2 bis 3 EL Schlagobers verfeinern und mit Schnittlauch bestreuen.

Gutes Gelingen wünscht
Rosa Greindl, Linz

„Drei Dinge sind im Leben
eines Menschen wichtig.
Erstens: Menschlichkeit.
Zweitens: Menschlichkeit.
Und drittens: Menschlichkeit."

Henry James

Hühnersuppe

Zutaten:

4 Stück Hühnerflügerl
Innereien, ausgelöste Hühnerknochen
Suppengrün
Salz, Pfefferkörner
Hühnersuppenwürfel
Petersilie

So wird's gemacht:

Zutaten mit 2 l Wasser kalt zustellen und ca. 1 Stunde lang kochen. Fleisch ablösen und kleinschneiden, ebenso das Suppengrün. Helle Einbrenn mit viel frischer Petersilie herstellen, kalt aufgießen und in die heiße Suppe unter Rühren einkochen.

Mein Menüvorschlag:

Hauptgericht: Lauchstrudel (S. 65)
Dessert: Obstsalat mit Joghurt und Walnüssen (S. 162)

Gutes Gelingen wünscht
Gertha Auer, Klosterneuburg

Karottencremesuppe

Zutaten:

1 kg Karotten
1 Zwiebel
1 Stange Lauch
2 EL Öl
2 TL Suppenwürze
Kräutersalz
Rahm, Crème Fraiche oder Schlagobers
eventuell Tomatenmark
½ Bund Petersilie
1 Prise Zucker
1 bis 2 EL Mehl

So wird's gemacht:

Zwiebel und Lauch klein schneiden und in Öl anrösten, Karotten schneiden und dazugeben. Mit Mehl stauben, kurz weiterrösten, dann mit 1 ½ l Wasser aufgießen, gut umrühren und Suppenwürze, Zucker, Kräutersalz und eventuell Tomatenmark dazugeben.
Karotten weichkochen, pürieren und dann entweder Schlagobers, Crème Fraiche oder Rahm dazugeben. Ein paar Min. aufkochen, eventuell nachpürieren. Zum Schluss die gehackte Petersilie dazugeben.
Wenn die Suppe zu dick ist, Wasser nachgießen, bis die gewünschte Konsistenz erreicht ist.

Gutes Gelingen wünscht
Hannelore Stätter, Wien

Karotten-Curryschaumsuppe

Zutaten:

½ kg Karotten
2 mittelgroße Zwiebeln
1 Becher Brunch classic
Curry
Salz
3 EL Margarine

So wird's gemacht:

Die Zwiebeln und Karotten kleinschneiden. Zwiebeln in der Margarine glasig werden lassen, Karotten beigeben und kurz anrösten, mit Wasser aufgießen. Mit Suppenwürfel und Salz würzen und die Karotten weichkochen lassen. Mit dem Pürierstab mixen und dann den Brunch einrühren. Mit Curry abschmecken!

Gutes Gelingen!

Knoblauchsuppe

Zutaten:

1 Ei
1 EL Kümmelkörner
1 Suppenwürfel
Pfeffer
Salz
4 EL Mehl
4 bis 6 Knoblauchzehen in Scheiben
Petersilie

So wird's gemacht:

Mehl trocken im Topf hellbraun rösten, 1 l Wasser darübergießen, Kümmel, Salz, Pfeffer, Suppenwürfel, Knoblauch und Petersilie beifügen und 15 Min. köcheln lassen. Verquirltes Ei einrühren, weitere 5 Min. auf dem Herd lassen und servieren.

Mein Menüvorschlag „Hungriger Holzknecht":

Hauptgericht: Thüringer Zampen (S. 69)
Dessert: Melkermuas (S. 143)

Gutes Gelingen wünscht
Sylvia El-Khoury, Mödling

„Glücklich der Mensch, der seinen Nächsten trägt in seiner ganzen Gebrechlichkeit, wie er sich wünscht, von jenem getragen zu werden in seiner eigenen Schwäche."

Franz von Assisi

Kohlrabisuppe

Zutaten:

2 bis 3 kleine Kohlrabi
1 l Salzwasser oder Suppe

Einbrenn:
40 g Butter
50 g Mehl
Petersilie
Salz
Muskatnuss

So wird's gemacht:

Die Kohlrabi schälen, würfelig oder blättrig schneiden und in Salzwasser weichkochen.
Inzwischen eine Einbrenn bereiten und die fein gehackte Petersilie darin noch etwas durchrösten.
Mit Suppe oder Kochsud aufgießen, würzen, den weich gekochten Kohlrabi dazugeben und alles noch einige Zeit köcheln lassen.

Mein Menüvorschlag:

Hauptgericht: Schwammerl-Gulasch (S. 90)
Dessert: Joghurtschale (S. 160)

Gutes Gelingen wünscht
Manuela Pilz, Mödling

Kohlrabicremesuppe

Zutaten:

2 Köpfe Kohlrabi
1 Prise Salz
Pfeffer
Petersilie
1 EL Öl
½ l Wasser

So wird's gemacht:

Kohlrabi schälen, zerkleinern und in Öl ein wenig anbraten, danach mit Wasser aufgießen und 10 Min. dünsten. Danach die Gewürze (Salz, Pfeffer und Petersilie) hinzugeben und das Ganze pürieren.

Mein Menüvorschlag:

Hauptgericht: Frühlingssalat (S. 41)
Dessert: Biskottenpudding (S. 150)

Gutes Gelingen wünscht
Viola Steffel, Wien

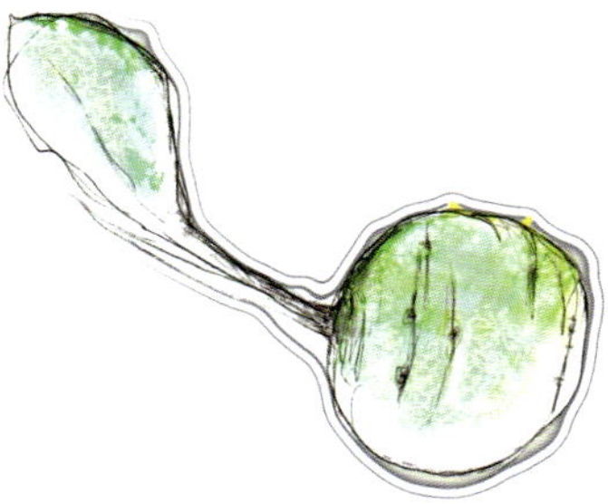

„Das Kostbarste auf der Welt sind Beziehungen der Güte zwischen den Menschen."

Leo Tolstoi

Kräutercremesuppe

Zutaten:

1 Pkg Gemüsesuppe
1 TL „7 Kräuter" aus der Tiefkühltruhe
1 EL Crème Fraiche

So wird's gemacht:

Die Suppe laut Packungsanleitung zubereiten. Kurz vor Ende der Kochzeit 1 TL „7 Kräuter" hinzufügen, anrichten und mit 1 EL Crème Fraiche verfeinern.

Mein Menüvorschlag:

Hauptgericht: Gemüsereis Indien (S. 76)
Dessert: Mangocreme (S. 161)

Gutes Gelingen wünscht
Gabriele Rieser

„Grüble nicht, was möglich ist und was nicht. Tu, was du mit deinen Kräften zustande bringst – darauf kommt alles an."

Leo Tolstoi

Kräutersuppe mit Fleischnockerl

Zutaten:

Für die Suppe:
1 kleine Zwiebel
60 g Butter
50 g Mehl
1 l Rindsuppe
100 g gemischte Kräuter (gehackt)
⅛ l Sauerrahm
Salz

Für die Fleischnockerl:
150 bis 200 g Faschiertes
1 Ei
⅛ l Obers
ca. 5 EL Semmelbrösel
Salz, Pfeffer

So wird's gemacht:

Suppe:
Zwiebel hacken und in Butter anglasieren, mit Mehl stauben, mit 1 l Rindsuppe aufgießen und 20 Min. kochen lassen.

Fleischnockerl:
Faschiertes mit Obers, Salz und Pfeffer mit dem Mixstab pürieren. Nockerl formen und in der Suppe 10 bis 15 Min. ziehen lassen. Nockerl herausnehmen und warmhalten.

Rahm mit Kräutern vermengen, in die Suppe einrühren, abschmecken, Nockerl wieder hineingeben und servieren.

Mein Menüvorschlag:

Hauptgericht: Huhn süß-sauer (S. 118)
Dessert: Schokolademousse (S. 163)

Gutes Gelingen wünscht
Ursula Borca, Wien

Kürbissuppe

Zutaten:

½ kg Kürbis
1 Zwiebel
2 Kartoffeln
Salz, Pfeffer
Petersilie oder
andere frische Kräuter

So wird's gemacht:

Zwiebel und Kartoffeln (geschält und gewürfelt) miteinander anbraten. Den ebenfalls gewürfelten Kürbis dazugeben, mit Wasser aufgießen, weichdünsten und danach passieren.
Abschmecken und mit frischen Kräutern, Kürbispesto oder Kürbiskernen garnieren und servieren.

Als Hauptgericht schmeckt Schinkensteak mit Bratkartoffeln (S. 114).

Gutes Gelingen wünscht
Sieglinde Müller, Krems

Lauchbrotsuppe

Zutaten:

250 g altes Vollkornbrot ohne
Rinde, kleingeschnitten
80 g Lauch
20 g Butter
1 l Gemüsebouillon
1 Eigelb
Petersilie

So wird's gemacht:

Den weißen Teil vom Lauch fein schneiden und andünsten. Brot dazugeben und mit Bouillon aufgießen, 10 Min. stehen lassen, damit das Brot weich wird.
Die Suppe unter ständigem Rühren zum Kochen bringen. Zugedeckt ca. 10 Min. köcheln lassen, dann mit einem Schneebesen durchrühren. Wenn das Ganze nicht mehr kocht, Eigelb dazugeben, mit Petersilie verfeinern und anrichten.

Gutes Gelingen wünscht
Julia, Wien

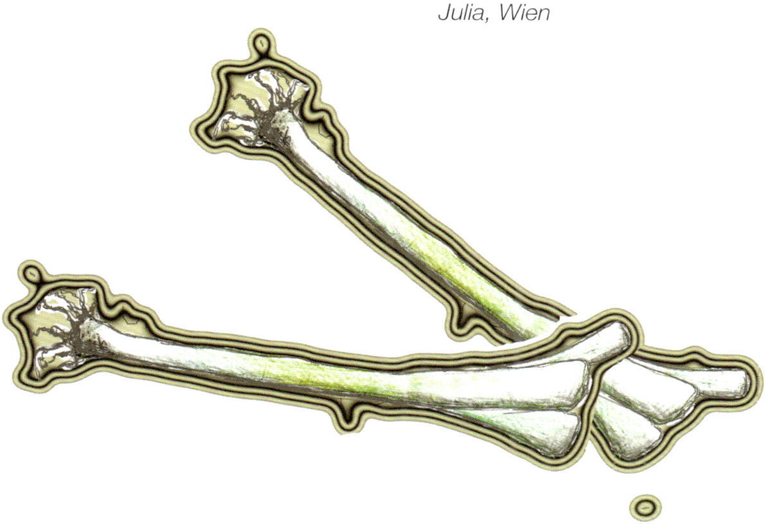

Melonensuppe mit Ingwer

Zutaten:

1 Honigmelone
1 Zuckermelone
Ingwer
½ l Obers
1 Zitrone

So wird's gemacht:

Melone von Schale und Kernen befreien und in Stücke schneiden, in einen Topf geben, ¼ l Wasser, ½ l Obers, Zucker, Salz und ein gut daumengroßes, geriebenes Stück frischer Ingwerwurzel hinzugeben und mit dem Pürierstab fein pürieren. Zum Schluss den Saft einer halben Zitrone dazu und nochmals abschmecken – kalt servieren.

Eine herrliche Vorspeise mit einem fruchtig, sahnig, leicht pikanten Geschmack (Ingwer und Salz).

Mein Menüvorschlag:

Hauptgericht: Gegrilltes Gemüse mit Naturreis spezial (S. 75)
Dessert: Frischkäsebällchen in Orangenjoghurt (S. 154)

Gutes Gelingen wünscht
Björn Draganov, Oberwart

„Man soll tun, was man kann, einzelne Menschen vom Untergang zu retten."

Johann Wolfgang von Goethe

Minestrone

Zutaten:

2 Tassen feinwürfelig geschnittenes Gemüse
2 frische Tomaten oder 1 EL Tomatenmark
1 kleine Zwiebel
½ Knoblauchzehe
2 EL Öl
1 Schale Reis oder kleine Teigwaren
Salz
Pfeffer
1 Lorbeerblatt
Thymian
Basilikum

So wird's gemacht:

Die kleingeschnittene Zwiebel und den Knoblauch in heißem Öl anrösten. Das Gemüse dazugeben und kurz mitrösten. Mit kochendem Wasser aufgießen, die Gewürze dazugeben und langsam weichkochen.
Nach 20 Min. Reis oder Teigwaren hinzufügen und mitkochen. Die fertige Minestrone mit Salz und Pfeffer abschmecken.

Mein Menüvorschlag:

Hauptgericht: Soja-Gulasch (S. 93)
Dessert: Apfelstrudel (S. 141)

Gutes Gelingen wünscht
Olena Surmach, Wien

Original Brotsuppe

Zutaten:

1 mittlere Zwiebel
2 EL Mehl
Wasser
Maggikraut
hartes Brot, in kleine Stücke geschnitten
Schmalz

So wird's gemacht:

Schmalz erhitzen, Zwiebel in kleine Stücke schneiden und goldbraun rösten. Etwas Mehl unterrühren und sofort mit Wasser ablöschen. Mit Maggikraut abschmecken und beim Anrichten hartes, in kleine Stücke geschnittenes Brot über die Suppe streuen.

Heutzutage ist alles anders, weil wir im Überfluss leben. Diese „einfache" Suppe kann jederzeit mit Speck, verquirltem Ei oder Kräutern zu einer Delikatesse verfeinert werden! Außerdem sind Brotklumperl in Olivenöl knusprig geröstet noch feiner!

Gutes Gelingen wünscht
Elisabeth Kraus, Wien

Panadlsuppe

Zutaten:

2 Semmeln
1 Suppenwürfel
1 Ei
Schnittlauch oder Petersilie, fein gehackt

So wird's gemacht:

Semmeln in ausreichend Wasser legen. Wenn die Semmeln richtig durchgeweicht sind, das Wasser zum Kochen bringen, die Semmeln mit einer Gabel oder einem Schneebesen zersprudeln und 1 Suppenwürfel hinzufügen. Wenn die Suppe richtig heiß ist, das Ei untersprudeln und mit Schnittlauch oder Petersilie bestreuen.

Mein Menüvorschlag:

Hauptgericht: Gnocchi mit Gorgonzola-Soße (S. 78)
Dessert: Arme Ritter (S. 148)

Gutes Gelingen wünscht
Angela Proksch, Wien

Persische Suppe

Zutaten:

1 Zwiebel
2 TL Curry
Eier
Suppenwürfel
Essig
Salz
Pfeffer
Tomatenmark
Dosentomaten
Mehl
Öl

So wird's gemacht:

Zwiebel schneiden und mit Mehl anbraten. Danach mit Wasser aufgießen, mit Suppenwürfel würzen und aufkochen lassen. Tomaten hinzufügen, Eier schlagen und in die Suppe einrühren. Noch ein wenig Essig hinzufügen und servieren.

Mein Menüvorschlag:

Hauptgericht: Melanzani-Gulasch (S. 87)
Dessert: Melonenpunsch (S. 161)

Gutes Gelingen wünscht
Nayereh Gharib, Wien

„Nehmen füllt die Hände.
Geben füllt das Herz.“

Margarete Seemann

Rahmsuppe

Zutaten:

½ l Milch
½ l Wasser
3 EL Mehl
⅛ Becher Rahm
Salz
Kümmel
Schnittlauch

So wird's gemacht:

Milch, Wasser, Salz und Kümmel aufkochen lassen. Mehl mit Wasser versprudeln und einkochen. Rahm einrühren und zum Schluss abschmecken.
Dazu passt Schwarzbrot.

Mein Menüvorschlag:

Hauptgericht: Pikanter Auflauf (S. 57)
Dessert: Topfencreme mit Beeren (S. 166)

Gutes Gelingen wünscht
Theresia Edlinger, Stockerau

Schwarzbrotsuppe mit Rahm

Zutaten:

100 g Schwarzbrot, in dünne Scheiben geschnitten
1 Zwiebel
1 Knoblauchzehe
Kümmel
Salz
Muskat
Sauerrahm
eventuell Schnittlauch

So wird's gemacht:

Zwiebel und Knoblauch in etwas Fett anrösten. Brot in Stücke schneiden und mitrösten, mit Wasser oder Suppe aufgießen und kräftig durchkochen lassen. Am Schluss mit dem Schneebesen durchschlagen und mit Rahm, Muskat, Salz, Kümmel und eventuell Schnittlauch abschmecken.

Mein Menüvorschlag:

Hauptgericht: Kärntner Kartoffelgulasch (S. 50)
Dessert: Topfenknödel (S. 166)

Gutes Gelingen wünscht
Martha Tomasch, Kärnten

Suppentopf mit Rindfleisch

Zutaten:

½ kg Suppenrindfleisch
Wurzelgemüse (Karotten, Sellerie, Petersilwurzel)
etwas Lauch
1 Zwiebel, halbiert
Knoblauch
Salz, Pfeffer
Einlage: Nudeln oder Grießnockerl

So wird's gemacht:

Zwiebelhälften in Öl anrösten, Wurzelgemüse dazu und mit 1 Liter Wasser aufgießen, Fleisch einlegen und im Kelomat ½ Stunde lang kochen.

Nudeln kochen, abseihen und abschrecken.

Grießnockerl: Grieß mit Butter und Ei vermengen, salzen, Petersilie dazu. Teig 1 Stunde rasten lassen, davon Nockerl formen und in die Suppe geben, 10 Min. lang kochen und doppelt so lange in der Suppe ziehen lassen.

Gutes Gelingen wünscht
Monika Pilsinger, Tulln

„Möge dir hundertfach Frucht bringen, der Samen, den du ausgebracht hast, tausendfach jedoch der, den du mit anderen teilst!"

Irischer Segenswunsch

IDEEN GEGEN ARMUT
Weil das beste Mittel gegen Armut gute Ideen sind.
Nahezu jeder achte Mensch in Österreich ist armutsgefährdet. Eine Entwicklung, der Coca-Cola in Kooperation mit Der Standard und WU Wien nicht tatenlos zusieht. Seit Jahren suchen und ermutigen wir daher Menschen, innovative Ideen als wirksames Rezept zur Selbsthilfe zu entwickeln. Einzelpersonen und Organisationen sind dabei gleichermaßen aufgerufen, ihre ganz persönlichen Ideen gegen Armut einzureichen. Und weil Coca-Cola Österreich in diesem Jahr den 81. Geburtstag feiert, werden die beiden überzeugendsten Projekte diesmal mit insgesamt € 81.000,– Startkapital unterstützt!
Weitere Infos: www.ideen-gegen-armut.at
LIVE POSITIVELY Coca-Cola
WU
WIRTSCHAFTS UNIVERSITÄT WIEN VIENNA UNIVERSITY OF ECONOMICS AND BUSINESS
DER STANDARD

Würzige Gemüsesuppe

Zutaten:

Vorgekochte Packerlsuppe
Wasser
Salz
1 EL Butter
Pfeffer
2 Zwiebeln
2 Karotten
Petersilie
Kartoffeln
Oregano

So wird's gemacht:

In einem geeigneten Kochtopf (mind. 1 ½ l) die Butter schmelzen, Zwiebeln würfeln und goldbraun rösten. Mind. ½ l Wasser zugeben und kochen. Geschälte Kartoffeln und Karotten fein reiben und dazugeben, dann bei mittlerer Hitze etwa 4 Min. kochen. Mit Gewürzen abschmecken, Packerlsuppe dazugeben und abermals 3 bis 4 Min. kochen.

Mein Menüvorschlag:

Hauptgericht: Essigwurst mit Tomaten (S. 134)
Dessert: Gebackene Bananen (S. 156)

Gutes Gelingen wünscht
Leo Mühlehner, Linz

Zucchinicremesuppe

Zutaten:

2 Zucchini
4 bis 6 EL Gervais
Suppenwürfel

So wird's gemacht:

Zucchini in Wasser mit Suppenwürfel 8 Min. kochen und dann pürieren, mit Gervais binden.

Mein Menüvorschlag:

Hauptgericht: Thai-Green Curry mit Shrimps (S. 124)
Dessert: Obstkuchen (S. 173)

Gutes Gelingen wünscht
Hilde Koch, Wien

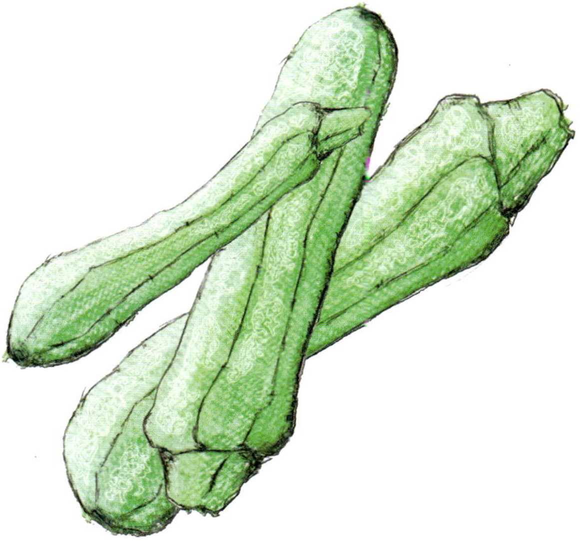

„Nichts ist geregelt, was nicht gerecht geregelt ist."

Abraham Lincoln

Salate & Dips

Boahnl- oder Boahscharlsalat

Zutaten:

1 große Dose Bohnen oder Fisolen
1 zerdrückte Knoblauchzehe
1 große Zwiebel (wenn vorhanden rot)
4 EL Essig
5 bis 6 EL Kürbiskernöl
Salz
Pfeffer
Etwas Zucker
⅛ l Wasser

So wird's gemacht:

Bohnen oder Fisolen im Sieb unter fließendem Wasser abspülen, in einer Schüssel mit gehackter Zwiebel, Salz, Pfeffer und Öl vermengen. Marinade aus Wasser, etwas Zucker, Knoblauch, Essig und Kürbiskernöl rühren und unter den Salat heben. ½ Stunde kühl durchziehen lassen.

Mein Menüvorschlag „Stoasteirisch":

Hauptgericht: Grundberne Straubm (S. 80)
Dessert: Blaubeersulz (S. 150)

Gutes Gelingen wünscht
Sylvia El-Khoury, Mödling

„Man hat nur dann ein Herz, wenn man es hat für andere."

Friedrich Hebbel

Borani

Zutaten:

Spinat
Joghurt
Knoblauch
Salz, Pfeffer

So wird's gemacht:

Spinat kochen und danach abkühlen lassen. Abgekühlten Spinat kleinschneiden, Knoblauch hineinpressen und alles mit Joghurt vermischen.

Gutes Gelingen wünscht
Nayereh Gharib, Wien

Bunte Salatplatte

Zutaten:

Tomaten
Paprika
Gurke
1 kleine Zwiebel
1 Karotte
Petersilie
1 Zitrone
Salz
Oliven (falls vorhanden)

So wird's gemacht:

Tomaten, Paprika, Gurke und Zwiebel in Scheiben schneiden und gefällig auf einer Platte auflegen, Karotte in feine, etwa 5 cm lange Stifte schneiden, darüberstreuen, salzen, mit dem Saft einer halben Zitrone beträufeln, die andere Zitronenhälfte in Spalten am Tellerrand auflegen und mit zerzupfter Petersilie garnieren.

Mein Menüvorschlag „Orient":

Hauptgericht: Zigarren-Börek (S. 95)
Dessert: Frucht-Joghurt-Dessert mit Zimtaroma (S. 155)

Gutes Gelingen wünscht
Sylvia El-Khoury, Mödling

„Wer anderer Not löst,
ist der Erlöste."

Laotse

Bunter Salat

Zutaten:

1 Eisbergsalat
1 Bund Radieschen
3 Karotten
1 Salatfix

So wird's gemacht:

Eisbergsalat waschen, Radieschen in feine Scheiben schneiden, Karotten raspeln. Salatfix mit Wasser mischen und alles gut vermengen.

Gutes Gelingen wünscht
Angela Proksch, Wien

Eier mit Knoblauch

Zutaten:

4 bis 6 Eier
7 eingelegte Gurken
1 ½ Becher Rahm
Knoblauch
Salz

So wird's gemacht:

Eier hartkochen und dann grob hacken. Die Gurken auch grob hacken, den Knoblauch klein hacken und alles mit dem Rahm vermischen. Mit Salz abschmecken.

Mein Menüvorschlag:

Hauptgericht: Faschierte Laibchen (S. 109)
Dessert: Rosinenkuchen (S. 175)

Gutes Gelingen wünscht
Julnara Sulejanova, Wien

„Nicht da ist man daheim, wo man seinen Wohnsitz hat, sondern da, wo man verstanden wird."

Christian Morgenstern

Frühlingssalat

Zutaten:

1 Paprika
1 grüner Salat (Kopfsalat)
2 bis 3 Tomaten
1 Zwiebel
1 Gurke
Meerrettich (Kren)
Essig
Öl
Nach Geschmack Senf, Petersilie oder Schnittlauch
Käse (Emmentaler, Mozzarella oder Schafkäse)

So wird's gemacht:

Paprika, Tomaten, Zwiebel, Gurke, Salat und Meerrettich waschen, schneiden und in eine große Schüssel geben. Eine Essig-Öl Marinade anrühren und über den Salat gießen.
Je nach Geschmack kann man Senf, Petersilie oder Schnittlauch hinzugeben. Zum Schluss Käse schneiden und darüberstreuen.

Mein Menüvorschlag:

Suppe: Kohlrabicremesuppe (S. 29)
Dessert: Biskottenpudding (S. 150)

Gutes Gelingen wünscht
Viola Steffel, Wien

Griechischer Salat

Zutaten:

50 g Tomaten
50 g Paprika
50 g Zucchini
30 g Zwiebel
Essig
Öl
schwarze Oliven
Salz, Oregano
Süßstoff

So wird's gemacht:

Tomaten und Zucchini in Scheiben schneiden, Zwiebel und Paprika in Streifen schneiden. Marinade aus Salz, Essig, Süßstoff, Oregano und Öl zubereiten und über den Salat geben. Mit schwarzen Oliven garnieren.

Gutes Gelingen wünscht
Rosa Greindl, Linz

Guacamole

Zutaten:

3 weiche Avocados
½ Zwiebel
Chilipfeffer
1 Tomate
Salz
Limettensaft oder Zitronensaft

So wird's gemacht:

Die Avocados schälen und zerdrücken. Die Tomate mit der Schale klein schneiden, die halbe Zwiebel ebenfalls klein schneiden und alles mit der Avocadocreme vermischen. Mit Zitronensaft, Salz und Chilipfeffer würzen.

Guacamole schmeckt zu Fleisch, Reis, Weißbrot oder Tortilla-Chips.

Gutes Gelingen wünscht
Zivorad Radonjic, Wien

„Zwei Herzen, die eins sind, reißen Gebirge nieder."

Persisches Sprichwort

Hähnchensalat mit Avocado und Erdbeeren

Zutaten:

200 g Eisbergsalat
200 g Erdbeeren
100 g Weintrauben
1 Avocado
3 EL Öl
Salz, Pfeffer
600 g Hähnchenbrust
1 EL Butter
1 Messerspitze Curry
1 TL Thymian
3 EL Essig
1 EL Zitronensaft

So wird's gemacht:

Salat in mundgerechte Stücke zupfen und auf vier Teller verteilen. Erdbeeren in Scheiben schneiden, Weintrauben halbieren, Avocado schälen und halbieren, entkernen und in Scheiben schneiden. Essig, Zitronensaft und Öl verrühren, salzen, pfeffern. Erdbeeren, Weintrauben und Avocado untermischen. Hähnchenbrust in Streifen schneiden, in der Butter sanft anbraten. Mit Curry, Thymian, Salz und Pfeffer würzen und ca. 5 Min. schmoren. Fleisch und übrige Zutaten auf dem Eisbergsalat anrichten.

Gutes Gelingen wünscht
Markus Forster, Waldviertel

Persisches Tsatsiki

Zutaten:

Joghurt
Rosinen
Gurken
Geriebene Nüsse
Salz
Pfeffer
Getrocknete Minze
Knoblauch

So wird's gemacht:

Gurke in kleine Würfel schneiden, mit Rosinen, geriebenen Nüssen und getrockneter Minze in das Joghurt rühren. Mit Salz und Pfeffer würzen und Knoblauch hineinpressen.

Mein Menüvorschlag:

Hauptgericht: Spinat-Gulasch (S. 93)
Dessert: Obstsalat mit Honig (S. 161)

Gutes Gelingen wünscht
Nayereh Gharib, Wien

Salat mit Avocado

Zutaten:

Salat
Paprika
Avocado
Tomaten
Essig
Öl
Basilikum
Joghurt

So wird's gemacht:

Salat waschen und zerkleinern. Paprika, Tomaten und Avocado in Würfel schneiden. Paprika und Tomaten zum Salat hinzugeben. Marinade aus Essig, Öl, Basilikum und Joghurt anrühren und mit dem Salat vermengen. Avocado-Stücke darüberstreuen und servieren.

Mein Menüvorschlag:

Hauptgericht: Lachs mit Petersilkartoffeln (S. 123)
Dessert: Banoffee (S. 149)

Gutes Gelingen wünscht
Verena Mayr, Wien

Spitzwegerich-Apfel-Salat

Zutaten:

2 Handvoll Spitzwegerichblätter
3 Äpfel
½ Zitrone
3 EL gehackte Mandeln
3 EL Obers
1 TL Öl
1 TL Essig
3 EL Apfelsaft
Zitronensaft
Salz
Honig

So wird's gemacht:

Äpfel waschen, in dünne Scheiben schneiden, mit Zitrone beträufeln, gewaschenen Spitzwegerich in Streifen schneiden, aus den übrigen Zutaten eine Marinade rühren, mit Salz, Honig und etwas geriebener Zitronenschale abschmecken und über den Salat gießen.

Mein Menüvorschlag „Lachender Buck":

Hauptgericht: Brennnessellaibchen (S. 71)
Dessert: Hagebutten-Eis (S. 159)

Gutes Gelingen wünscht
Sylvia El-Khoury, Mödling

„Ein Mensch ist manchmal wie verwandelt, sobald man menschlich ihn behandelt."

Wilhelm Busch

Eintöpfe

Chili con Carne

Zutaten:

¼ kg Faschiertes
1 ½ rote Paprika
2 Zwiebeln
1 Knoblauchzehe
2 EL Chilipulver
1 TL Anis
1 Dose Schältomaten
1 Dose rote Kidneybohnen
100 ml Sauerrahm

So wird's gemacht:

Paprika schälen und in Stücke schneiden. Zwiebeln und Knoblauchzehe schälen und in kleine Würfel schneiden. Öl in einem Topf erhitzen, die Paprikastücke darin anbraten, herausnehmen und beiseitestellen. Zwiebel- und Knoblauchwürfel in Öl unter ständigem Rühren anbraten, Faschiertes dazugeben und anbraten. Mit 1 Prise Salz, Chilipulver und Anis würzen. Geschälte Tomaten dazugeben und zum Kochen bringen. Die Kidneybohnen in ein Sieb gießen, mit kaltem Wasser abspülen, abtropfen lassen, in den Topf geben und bei mittlerer Temperatur 30 Min. köcheln lassen. Mit Salz und Chilipulver abschmecken. Den Sauerrahm mit Salz abschmecken. Das Chili con Carne auf Teller oder Suppenschüsseln verteilen und mit einem Löffel Sauerrahm servieren.

Mein Menüvorschlag:

Vorspeise: Ofen-Gemüse (S. 88)
Dessert: Strawberry Colada (S. 165)

Gutes Gelingen wünscht
Ema Maccari, Wien

Eingebrannte Erdäpfel

Zutaten:

1 kg Kartoffeln
½ Extrawurst
Essiggurkerl
Salz
Pfeffer
Lorbeerblätter
Essig
Öl
Mehl

So wird's gemacht:

Kartoffeln schälen und in Scheiben schneiden, mit Lorbeerblättern in einen Topf geben und mit Wasser bedecken, salzen. Kartoffeln kochen lassen, aber nicht zu lange, damit sie nicht zerfallen. Extrawurst und Gurkerl kleinschneiden, dann in einer Pfanne eine Einbrenn bereiten, die Extrawurst und die Gurkerl einrühren und zum Schluss die Kartoffeln dazugeben. Mit Essig und Gewürzen abschmecken.

Als Dessert schmeckt eine Himbeer-Roulade (S. 172).

Gutes Gelingen wünscht
Susanne Liebhart

Eintopf mit Putenfleisch und Gemüse

Zutaten:

½ kg Putenfleisch im Ganzen
etwas Öl oder Butterschmalz
1 bis 2 Zwiebeln
Gemüse Basis: 3 bis 4 Karotten, 2 Petersilwurzeln,
½ Sellerieknolle
Gemüse nach Geschmack und Vorhandensein:
1 bis 2 Zucchini, 1 Fenchelknolle,
1 Stange Lauch, 1 Kohlrabi, Karfiolröschen, etc.
Salz, Pfeffer, Majoran oder Oregano,
Kräuter der Provence, Kümmel
2 EL Sauerrahm

So wird's gemacht:

Das Gemüse schälen und kleinschneiden. Die Zwiebeln fein hacken und in Öl oder Butterschmalz anschwitzen. Das würfelig geschnittene Fleisch, das Gemüse und die Gewürze dazugeben und so viel Wasser aufgießen, dass alles gut bedeckt ist. Alles ca. 15 bis 20 Min. lang köcheln lassen, zum Schluss den Rahm dazugeben und mit Suppenwürze abschmecken. Dazu schmecken Hörnchen oder Kartoffeln.

Tipp:
Die Kartoffeln kann man separat kochen und als Beilage reichen, oder man schneidet sie in Viertel und kocht sie gleich mit dem Fleisch und dem Gemüse mit.

Gutes Gelingen wünscht
Judith Pouget, MMS

Eintopf mit Huhn und Fisolen

Zutaten:

1 ganzes Huhn
1 kg Schnittbohnen
½ bis ¾ kg Kartoffeln
Salz
Pfeffer
Majoran
Paprikapulver

So wird's gemacht:

Das Huhn zerkleinern, die Schnittbohnen in ca. 2 cm lange Stücke und die Kartoffeln würfelig schneiden, alles in einen großen Topf geben, gut mit Wasser bedecken und zu einem Eintopf kochen. Mit Salz, Pfeffer, Majoran und Paprikapulver würzen und weitere 10 bis 15 Min. köcheln lassen.

Gutes Gelingen wünscht
Anica Pavic

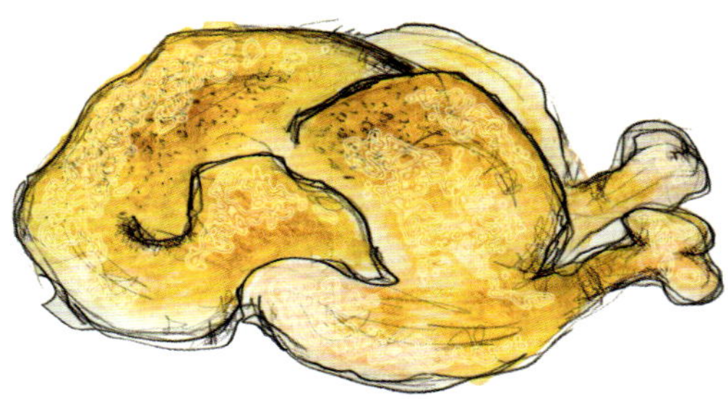

„Der beste Weg, einen Freund zu haben, ist der, einer zu sein."

Ralph Waldo Emerson

Erdäpfelgulasch

Zutaten:

1 bis 2 Paar Frankfurter oder Debreziner Würstel
10 bis 12 mittelgroße Erdäpfel
3 bis 4 Zwiebeln
2 Suppenwürfel
4 EL Margarine
4 EL Mehl
2 bis 3 EL Paprikapulver edelsüß
1 Prise Salz
4 bis 5 EL Sauerrahm

So wird's gemacht:

Zwiebeln schneiden und in Margarine anrösten. Das Paprikapulver unterrühren, rasch mit Wasser aufgießen. Die geschälten, in Würfel geschnittenen Erdäpfel dazu geben, salzen und erneut mit Wasser aufgießen, bis die Erdäpfel bedeckt sind. Die Suppenwürfel dazu geben, ca. 15 bis 20 Min. auf kleiner Flamme köcheln lassen.
Sauerrahm mit Mehl versprudeln und gut einrühren, Gulasch noch einmal kurz aufkochen lassen. Zum Schluss die kleingeschnittenen Würstel dazugeben und abschmecken.

Gutes Gelingen wünscht
Christoph Leitl

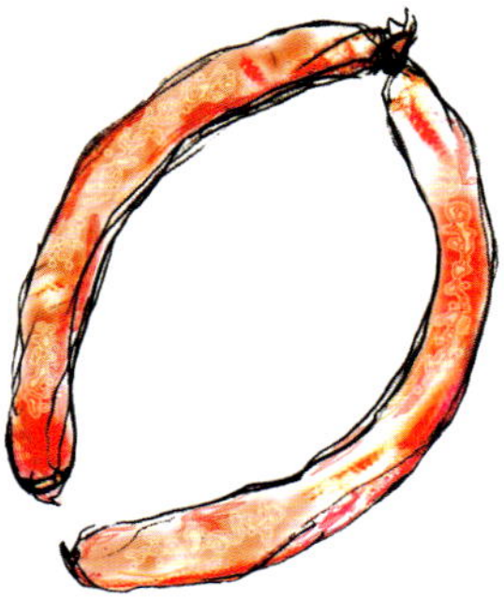

Dass der Verein SOMA seit mittlerweile mehr als elf Jahren besteht, ist seiner professionellen Arbeit, aber auch seinen tatkräftigen Unterstützern zu verdanken. Die Arbeit von SOMA fußt auf dem Engagement von Privatpersonen, der öffentlichen Hand, aber vor allem auch heimischer Handels- und Industriebetriebe, welche die Idee des Sozialmarktes mit ihren zahlreichen Warenspenden erst möglich machen.
Die Idee hinter SOMA ist es, ein Abdriften von Menschen ins soziale Abseits zu verhindern. In den SOMA-Märkten sind Menschen mit niedrigem Einkommen keine Almosenempfänger, sondern können mit jenen Beträgen einkaufen, die ihnen zur Verfügung stehen. Dass man auch mit bescheidenen Mitteln abwechslungsreich und bekömmlich essen kann, zeigt dieses Kochbuch. Ich wünsche allen Leserinnen und Lesern einen guten Appetit und dem Verein SOMA viel Erfolg für die Zukunft!

Dr. Christoph Leitl,
Präsident der WKÖ

Kärntner Kartoffelgulasch

Zutaten:

700 g mehlige Erdäpfel
300 g Extrawurst oder Braunschweiger
3 Zwiebeln
2 Knoblauchzehen
1 Dose Tomaten
Paprikapulver
Salz, Pfeffer
Majoran, Lorbeerblatt
Essig

So wird's gemacht:

Zwiebeln, Knoblauch und Wurst fein schneiden. Alles in etwas Fett anbraten und mit wenig Essig aufgießen. Erdäpfel in Scheiben schneiden, hinzufügen und mit den Tomaten und den Gewürzen kochen lassen, bis die Erdäpfel sämig sind. Zum Schluss mit Sauerrahm abbinden. Gebäck dazu reichen.

Mein Menüvorschlag:

Suppe: Schwarzbrotsuppe mit Rahm (S. 35)
Dessert: Topfenknödel (S. 166)

Gutes Gelingen wünscht
Martha Tomasch, Kärnten

Kartoffelgulasch mit Rauchwurst

Zutaten:

2 kg Kartoffeln
30 g Speck
½ kg Zwiebel
Paprikapulver
geräucherte Dürre
1 Suppenwürfel
Knoblauch

So wird's gemacht:

Speck, Kartoffeln, Zwiebel und Dürre in Würfel schneiden. Speck in heißes Fett geben, danach Zwiebeln dazu, alles goldgelb anrösten, gut mit Paprikapulver bestreuen und durchrösten. Mit der Suppe aufgießen, mit Salz, Knoblauch (nach Geschmack Pfeffer und Majoran) würzen. Die Wurst dazugeben und zugedeckt weichkochen.

Als Suppe schmeckt Frittatensuppe (S. 24)

Gutes Gelingen wünscht
Ariadne Kovacs, Klosterneuburg

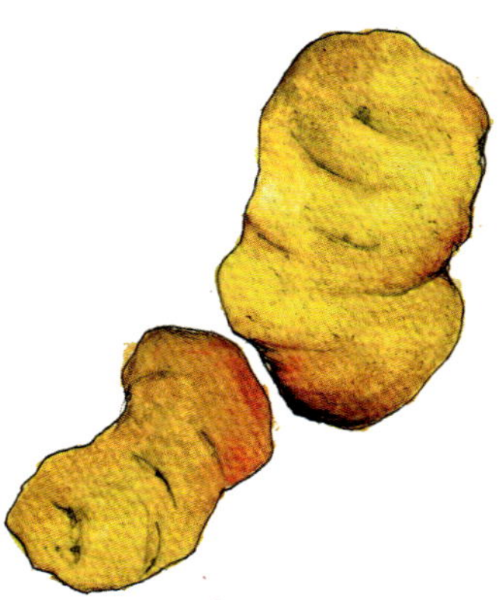

Kohlrabigulasch

Zutaten:

½ kg Kohlrabi
2 Zwiebeln
Öl
Paprikapulver
1 El Essig
Pfeffer
Salz
½ Becher Sauerrahm

So wird's gemacht:

Die grob gehackten Zwiebeln in heißem Öl rösten, dann Paprika, Essig, den grob geraspelten Kohlrabi und die übrigen Gewürze dazugeben, mit Wasser aufgießen und das Ganze weichdünsten. Anschließend mit Sauerrahm verfeinern.

Als Beilage schmecken Salzkartoffeln.

Gutes Gelingen wünscht
Monika Breucker, Ternitz

„Oft tut auch der Unrecht, der nichts tut. Wer das Unrecht nicht verbietet, wenn er kann, der befiehlt es."

Mark Aurel

Linseneintopf

Zutaten:

200 g Linsen
1 Karotte
2 Kartoffeln
1 Liter Suppe
400 g Speck
1 Paar Frankfurter
2 Zwiebeln
etwas Fett
2 EL Essig
2 TL Zucker
Salz, Pfeffer

So wird's gemacht:

Würfelig geschnittenes Gemüse mit den Linsen, der Suppe und dem Speck bei schwacher Hitze eine Stunde kochen. Dann die Würstchen dazugeben. Blättrig geschnittene Zwiebeln in Fett goldgelb anlaufen lassen, das Mehl anrösten und mit etwas Suppe löschen. Die Zwiebelsoße 3 Min. kochen, mit Essig und Zucker verrühren und zu den Linsen geben. Vor dem Servieren mit Salz und Pfeffer abschmecken.

Mein Menüvorschlag:

Suppe: Gemüsesuppe (S. 26)
Dessert: Zitronenpudding (S. 167)

Gutes Gelingen wünscht
Monika Wanke, Mödling

Aufläufe

Beyrouter Kartoffelauflauf

Zutaten:

800 g gekochte Kartoffeln
3 Paprika
6 Eier
3 Zwiebeln (gehackt)
4 EL Öl
Salz, Pfeffer
2 Tomaten
50 g geriebener Käse
etwas Milch
1 EL Mehl
1 Bund Petersilie
etwas Thymian

So wird's gemacht:

Zwiebeln in 3 EL Öl goldbraun rösten, beiseitestellen. Paprika in feine Spalten schneiden, mit den in Scheiben geschnittenen Kartoffeln abwechselnd in eine gefettete Auflaufform schichten. Nach etwa 2 Lagen die Zwiebeln darüber verteilen, salzen und pfeffern. Darüber wieder Kartoffeln und Paprika schichten. Tomatenscheiben darauf legen. Die 6 Eier mit Salz, Pfeffer, Thymian, Käse, Petersilie, Mehl und Milch versprudeln und über den Auflauf verteilen. Bei 200° C ca. 25 Min. im Rohr backen. Schmeckt auch kalt sehr gut!

Mein Menüvorschlag:

Suppe: Bunte Gemüsesuppe (S. 21)
Dessert: Obstsalat

Gutes Gelingen wünscht
Sylvia El-Khoury, Mödling

Brotauflauf

Zutaten:

3 Semmeln oder Brötchen vom Vortag
4 bis 6 EL Kräuterbutter
250 g Champignons (wer will)
80 g Salami
125 g Schinken
2 Zwiebeln
1 bis 2 EL Öl
Salz, Pfeffer
3 bis 4 EL gemischte Kräuter, gehackt
3 Eier
Frühlingstopfen

So wird's gemacht:

Die Semmeln in mundgerechte Würfel schneiden und in der Kräuterbutter goldbraun braten. Champignons putzen und eventuell etwas zerkleinern. Salami und Schinken würfeln und Zwiebeln fein hacken. In heißem Öl die Zwiebeln glasig dünsten, dann Salami, Schinken und Champignons zugeben und kurz mitdünsten, dabei mit Salz und Pfeffer würzen. Die Mischung mit den Brotwürfeln vermengen und in eine gefettete Auflaufform geben. Die Eier versprudeln und unter den Frühlingstopfen heben. Die Masse über die Auflaufform gießen. Im vorgeheizten Backofen bei 200° C etwa 30 Min. lang backen.

Gutes Gelingen wünscht
Julia, Wien

Hirseauflauf

Zutaten:

100 g Hirse
½ l Wasser
¼ l Milch
40 g Butter
1 Prise Salz
etwas Zimtrinde
3 Dotter
3 Eiklar
50 g Honig
Rosinen
Nüsse

So wird's gemacht:

Hirse gut waschen, damit sie nicht bitter schmeckt, in Wasser und Milch weichkochen, Zimtrinde mitkochen. In der Zwischenzeit einen Abtrieb bereiten, diesen und alle übrigen Zutaten unter die Hirsemasse rühren, etwas überkühlen lassen, dann den steifgeschlagenen Schnee unterheben, die Masse in eine befettete Auflaufform füllen und bei mittlerer Hitze im Rohr ca. 40 Min. lang backen. Dazu passt Himbeerkoch oder auch Kompott.

Gutes Gelingen wünscht
Christian Greindl, Linz

„Je weiser und besser ein Mensch ist, umso mehr Gutes bemerkt er in den Menschen."

Blaise Pascal

Karfiolauflauf

Zutaten:

450 g Karfiol
100 g Kirschtomaten (Cocktailtomaten)
4 große, in Würfel geschnittene Kartoffeln
75 g gemischter, geriebener Käse
40 g Margarine
25 g Mehl
400 ml Milch
1 in Ringe geschnittene Porreestange (Lauch)
1 zerdrückte Knoblauchzehe
2 EL gehackte Petersilie
½ TL Paprikapulver
Salz, Pfeffer
Petersilie zum Garnieren

So wird's gemacht:

Den Karfiol 10 Min. in Salzwasser kochen und das Wasser abgießen. Ebenso die Kartoffelwürfel kochen und das Wasser abgießen. Die Margarine zergehen lassen und den Porree mit dem Knoblauch ca. 1 Min. andünsten, den Topf vom Herd nehmen und die Milch, 50 g Käse, Paprikapulver und die Petersilie (am besten mit einer Schneerute) unterrühren. Dann den Topf wieder auf den Herd stellen und die Masse unter ständigem Rühren zum Kochen bringen. Mit Salz und Pfeffer abschmecken. Den Karfiol in eine Auflaufform geben, die Kirschtomaten dazugeben und alles mit Kartoffelwürfeln bedecken. Dann die Soße darübergießen und den restlichen Käse darüberstreuen. Den Karfiolauflauf im vorgeheizten Rohr bei 180° C ca. 20 Min. lang backen, bis der Käse goldbraun ist.

Gutes Gelingen!

Kartoffel-Lauch-Auflauf

Zutaten:

600 g Kartoffeln (festkochend)
2 Stangen Lauch (Porree)
2 bis 3 Tomaten
1 Zwiebel
2 Knoblauchzehen
150 g geriebener Hartkäse
250 ml Sauerrahm
2 Eier
2 EL Butter
Salz, Pfeffer, Muskatnuss, Curry
2 EL gehackte Kräuter
Brösel

So wird's gemacht:

Kartoffeln schälen, in dünne Scheiben schneiden oder grob reiben. Lauchringe mit gehackten Zwiebeln und Knoblauch in Butter andünsten, salzen. Auflaufform einfetten, mit Bröseln ausstreuen. Sauerrahm mit Eiern, Salz, Pfeffer, Curry, Muskatnuss und den Kräutern versprudeln, mit den Kartoffeln, dem geriebenen Käse und der Lauchmasse gut vermischen, abschmecken.
In die Auflaufform geben, im vorgeheizten Backrohr bei 180° C etwa 1 Stunde backen, kurz vor Ende der Garzeit den Auflauf mit Tomatenspalten (auch mit Paprika möglich) ausgarnieren.

Gutes Gelingen wünscht
Markus Forster, Waldviertel

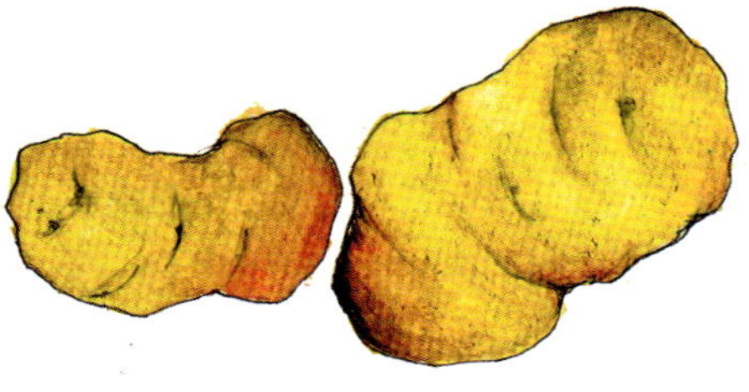

Kartoffelauflauf à la Soma

Zutaten:

¾ kg Kartoffeln
3 Karotten
200 g Champignons
½ Rose Broccoli
1 Zwiebel
3 Eier
1 Becher Sauerrahm
200 g Emmentaler

So wird's gemacht:

Kartoffeln schälen und in ca. ½ cm große Scheiben schneiden. Champignons fein blättrig schneiden und in Butter oder Rama anrösten. Broccoli in kleine Röschen und Karotten würfelig schneiden und beides in Salzwasser weichkochen.
Zwiebel blättrig schneiden, anrösten und anschließend mit dem gekochten Gemüse und den Champignons vermischen.
Die Eier mit Sauerrahm und würfelig geschnittenem Emmentaler versprudeln, salzen, pfeffern und mit Kräutern vermengen.
Eine Lage Kartoffelscheiben in eine befettete Auflaufform legen, abwechselnd Gemüse mit Champignons und wieder Kartoffeln darüberlegen, die letzte Lage soll mit Kartoffeln abschließen.
Zum Schluss den Abtrieb aus Eiern, Sauerrahm und Käse darübergießen und im vorgeheizten Backrohr ca. 1 Stunde lang backen.

Gutes Gelingen!

Dass das Leben für armutsgefährdete Menschen leichter und vor allem leichter leistbar wird, steht aus meiner Sicht im Vordergrund der Sozialmarktidee, und darum unterstütze ich sie auch. Aufgabe und Ziel einer modernen Sozialpolitik muss es allerdings sein, die potenzielle Klientel der Sozialmärkte zu reduzieren, indem das Sozialsystem armutsfest gemacht wird. Armut nachhaltig bekämpfen kann nur, wer ihre Ursachen bekämpft. Ein gesichertes Einkommen über der Armutsgrenze für jeden Menschen bzw. jede Familie in Österreich würde die Sozialmärkte eigentlich obsolet machen, und das muss auch unser Ziel sein. Nun gebe ich mich aber keinen Illusionen hin, dies über Nacht erreichen zu können. Bis es soweit ist, haben die Sozialmärkte meine Unterstützung, weil diese Initiative die Dinge des täglichen Lebens für Menschen mit niedrigen Einkommen erschwinglicher macht. In diesem Sinne nochmals herzlichen Dank für Ihr Engagement und alles Gute!

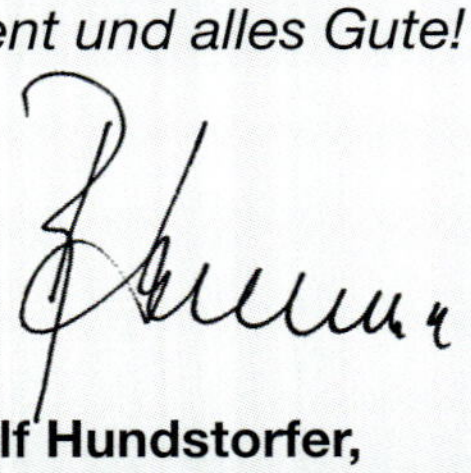

Rudolf Hundstorfer,
Bundesminister für Soziales

Kürbis-Schwarzbrot-Auflauf*

Zutaten:

2 Scheiben Schwarzbrot (ca. 150 g)
80 g Zwiebeln
1 EL Schmalz oder Öl
150 g Hokkaido-Kürbisfleisch oder Ungarischer Bratkürbis
⅛ l Schlagobers
2 Eier
gemahlener Kümmel
Salz

So wird's gemacht:

Schwarzbrot und Zwiebeln in kleine Würfel schneiden und in Schmalz oder Öl anrösten. Kürbisfleisch (ohne Schale, ohne Kerne) ebenfalls in kleine Würfel schneiden und mit dem Schwarzbrot vermischen. In zwei gefettete und mit Bröseln ausgestreute Auflaufförmchen füllen. Eier mit Obers verrühren, würzen und über das Brot-Kürbisgemisch gießen. Im Rohr im Wasserbad bei 165° C pochieren.

Gutes Gelingen wünscht
Rudolf Hundstorfer

* Das Rezept ist aus „Haubenküche zum Beislpreis" vom Verein neunerHaus. Der Verein neunerHaus bietet obdachlosen Menschen ein Zuhause und medizinische Hilfe. Mittlerweile betreut das neunerHaus in seinen drei Wohnhäusern 160 Wohnungslose in Wien und Umgebung.

Linsenauflauf

Zutaten:

2 Dosen Linsen (je 1 kg)
etwas Öl
1 bis 2 Zwiebeln
1 Stange Lauch
2 bis 3 große Karotten
2 Becher Crème Fraiche mit Kräutern
200 g geriebener Käse
200 g geriebene Nüsse

So wird's gemacht:

Den in Scheiben geschnittenen Lauch, die grob gehackten Zwiebeln und die geraspelten Karotten in Öl anschwitzen.
Crème Fraiche mit dem Käse und den Nüssen vermischen und mit Salz und Pfeffer würzen.
Die Linsen abseihen, die geröstete Zwiebel-Karottenmasse untermengen, mit der Hälfte der Creme vermischen und in eine Auflaufform füllen. Die restliche Creme darübergießen und im Backrohr 30 Min. bei mittlerer Hitze backen.

Als Beilage schmeckt Salat.

Gutes Gelingen wünscht
Monika Breucker, Ternitz

„Der Test unserer Zivilisation ist die Art, wie sie für ihre hilflosen Mitglieder sorgt."

Pearl S. Buck

Pikanter Auflauf

Zutaten:

250 g Faschiertes
1 Zwiebel
Öl
2 EL Tomatenmark
Salz , Pfeffer
Petersilie, Thymian
100 g Bandnudeln
1 Becher Rahm oder Schlagobers
50 g geriebener Käse
Margarine für die Auflaufform

So wird's gemacht:

Zwiebel rösten, Faschiertes, Salz, Pfeffer und Thymian miträsten und mit Tomatenmark und Petersilie verfeinern, dann Wasser dazugeben und einkochen lassen.
Nudeln kochen, abseihen, mit der Fleischmasse vermischen und in eine gebutterte Auflaufform füllen. Rahm oder Schlagobers und geriebenen Käse darübergeben. Im Rohr ca. 25 Min. gratinieren. Dazu passt Salat.

Mein Menüvorschlag:

Suppe: Rahmsuppe (S. 34)
Dessert: Topfencreme mit Beeren (S. 166)

Gutes Gelingen wünscht
Theresia Edlinger, Stockerau

Reisauflauf

Zutaten:

½ l Milch
150 g Reis
40 g Butter
60 g Zucker
3 Eier
250 g Topfen
1 Zitrone (unbehandelt)
1 Prise Salz
1 Pkg Vanillezucker

So wird's gemacht:

Reis in die kochende, leicht gesalzene Milch einrühren und sobald er dicklich ist, kühlstellen. In-zwischen einen Abtrieb aus Butter, Zucker und Dotter bereiten, den überkühlten Reis dazumischen, ebenso den Topfen. Zum Schluss den steifgeschlagenen Eischnee unterheben. In eine mit Butter gefettete und mit Bröseln ausgestreute Form füllen und ca. 30 bis 45 Min. bei 200° C im Rohr backen.

Gutes Gelingen!

Zwiebelauflauf

Zutaten:

4 große Zwiebeln
3 große Kartoffeln
1 EL Crème Fraîche
½ Becher Rahm
1 EL Margarine
1 TL Kümmel
Salz
Pfeffer
Piment (gemahlen)

So wird's gemacht:

Zwiebeln in Ringe und Kartoffeln in Scheiben schneiden. Beides abwechselnd schichtweise in eine feuersfeste Form geben und dabei immer wieder würzen. Die oberste Schicht sollte aus Kartoffeln bestehen.
Den Rahm mit Crème Fraiche mischen und darübergießen.
Zum Schluss Butterflöckchen daraufsetzen und 40 Min. bei 200° C überbacken.

Gutes Gelingen!

Gemüsegerichte

Gedünstetes Lauchgemüse

Zutaten:

2 große Stangen Lauch (Porree)
3 El Öl
1 EL Mehl
Suppe
Salz
Milch
(eventuell Frankfurter Würstel)

So wird's gemacht:

Den gewaschenen Lauch in grobe Streifen schneiden und in heißem Öl halb weichdünsten, mit Mehl stauben, mit etwas Suppe und Milch aufgießen, würzen und weichkochen.

Als Beilage schmecken Salzkartoffeln und eventuell Frankfurter Würstel.

Gutes Gelingen wünscht
Franziska Stangelauer

„Sieh zu, dass nie jemand zu dir kommt, ohne besser und glücklicher fortzugehen."

Mutter Theresa

Gefüllte Kartoffeln

Zutaten:

¾ kg Kartoffeln
½ kg Wurst- oder Bratenreste
1 Becher Rahm
10 EL geriebener Käse
1 Ei
1 EL Senf
1 EL Margarine
5 EL fein gehackte Petersilie
Muskatnuss, Pfeffer, edelsüßer Paprika
¼ l Wasser
1 Suppenwürfel

So wird's gemacht:

Die Kartoffeln schälen, halbieren und mit einem Esslöffel aushöhlen.
Wurst- oder Bratenreste und die Kartoffelreste vom Aushöhlen fein schneiden und mit den restlichen Zutaten vermengen. Die Kartoffelhälften mit der Masse füllen und in eine gefettete Auflaufform setzen.
Das Backrohr auf 180°C vorheizen.
Das Wasser mit dem Suppenwürfel versprudeln und erwärmen. Die Kartoffeln so lange im Rohr backen, bis sie eine schöne braune Kruste ansetzen, dann mit der Suppe übergießen. Danach die Auflaufform abdecken und 30 bis 40 Min. garen lassen.

Gutes Gelingen!

KOTÁNYI
1881

Gefüllte Paprika

Zutaten:

4 Paprika
300 g Faschiertes
1 Ei
4 EL ungekochter Reis
1 Dose Tomatensoße
1 Suppenwürfel
Salz, Pfeffer
Zucker
Paprikapulver Edelsüß

So wird's gemacht:

Paprika waschen, Deckel entfernen (aufheben) und entkernen. Aus dem Faschierten, dem Ei, den Gewürzen und dem Reis einen Teig fertigen und die Paprika damit füllen (nicht bis zum Rand, Reis quillt auf), mit den Deckeln schließen und in kochendes Salzwasser stellen.
15 bis 20 Min. köcheln lassen. Die Brühe mit Tomatenpüree aufgießen, mit dem Suppenwürfel und Zucker abschmecken und nochmals 5 Min. köcheln lassen.

Dazu schmecken Salzkartoffeln oder Reis.

Gutes Gelingen!

Gefüllte Paradeiser

Zutaten:

6 Paradeiser
Parmesan
1 Zwiebel
Petersilie
30 g (oder ein paar Stk) Champignons
Fett
1 Ei
Salz, Pfeffer
Bratenreste

So wird's gemacht:

Den Boden der Paradeiser abschneiden und die Paradeiser aushöhlen. Zwiebel, Champignons und Petersilie in etwas Öl anrösten und mit den kleingeschnittenen Bratenresten, Ei, Salz und Pfeffer vermischen. Die Paradeiser damit füllen, in eine befettete Pfanne stellen und mit Parmesan bestreuen. 10 Min. ins heiße Rohr stellen.

Mein Menüvorschlag:

Hauptgericht: Faschierter Braten (S. 109)
Dessert: Apfelcreme (S. 147)

Gutes Gelingen wünscht
Christa Aktas, Wien

„Wozu leben wir, wenn nicht dazu, uns gegenseitig das Leben einfacher zu machen?"

George Eliot

Gemüseknödel mit Schinken in Curry-Ingwer-Soße

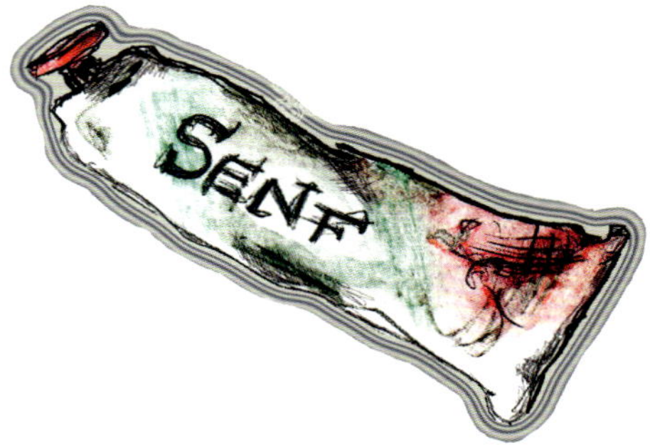

Zutaten:

Gemüseknödel:
½ kg Semmelwürfel
1 Ei
1 Dose (800 g) Karotten mit Erbsen
1 Zwiebel
1 TL Salz
¼ l Milch oder Wasser
100 bis 150 g Mehl
Pfeffer, Paprika, Liebstöckel, Rosmarin, Ingwer

Schinken in Curry-Ingwer-Soße:
3 EL Olivenöl
250 g Schinken
1 Tube (200 g) Asia Curry Ingwer Spezialsenf
3 Knoblauchzehen
3 Zwiebeln
2 Dosen (je 400 g) Tomaten in Stücken
¼ l Wasser
1 TL Salz
Pfeffer, Curry, Ingwer

So wird's gemacht:

Gemüseknödel:
Die Semmelwürfel in ein großes Gefäß füllen, Ei, Salz und Gewürze nach Belieben und die gesamte Milch / das gesamte Wasser hinzugeben. Alles gut vermengen, dann ca. 5 Min. lang einweichen lassen. In der Zwischenzeit die Zwiebel schälen, kleinschneiden und mit den gut gespülten, abgeseihten Karotten und Erbsen vermengen. Die Semmelwürfel und das Gemüse vermischen, Mehl dazugeben, durchkneten, danach Knödel formen und im kochenden Wasser ca. 15 Min. sieden lassen.

Schinken in Curry-Ingwer-Soße:
Zwiebeln und Knoblauch kleinschneiden, in einer Pfanne mit wenig Olivenöl anrösten, den gewürfelten Schinken hinzugeben und anbraten. Danach die Tomaten und ¼ l Wasser dazugeben, die Tube Senf sowie das Salz und die Gewürze nach Belieben hineinrühren.

Gutes Gelingen wünscht
Horst Bäcker, Linz

„Das beste Mittel, jeden Tag gut zu beginnen, ist beim Erwachen daran zu denken, ob man nicht wenigstens einem Menschen an diesem Tag eine Freude machen könne.“

Friedrich Nietzsche

Lauchstrudel

Zutaten:

Für den Teig
¼ kg Topfen
¼ kg Margarine
¼ kg Mehl
(oder fertiger Blätterteig)

Für die Fülle:
2 bis 3 Stangen Lauch
200 g gekochtes Geselchtes
100 g Käse
2 EL Schlagobers
Salz, Pfeffer, Öl, Mehl
Verquirltes Ei

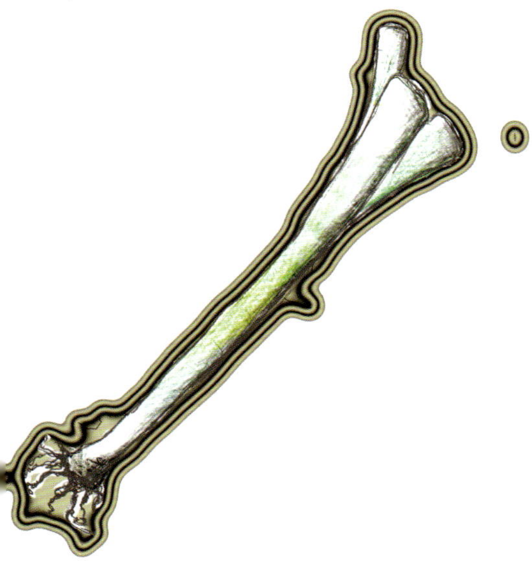

So wird's gemacht:

Sämtliche Zutaten zu einem Teig verkneten und im Kühlschrank ca. 1 Stunde rasten lassen.

Für die Fülle den Lauch putzen, der Länge nach aufschneiden und gut waschen.
Geselchtes und Lauch in ca. ½ cm große Stücke schneiden, Käse auf einer Küchenreibe raspeln.
Lauch in wenig Öl anschwitzen, Obers zugeben und den Lauch kurz dämpfen.
Lauch vom Feuer nehmen und mit Geselchtem und Käse gut vermischen. Die Masse mit Salz und Pfeffer würzen. Das Backrohr auf 210° C vorheizen, das Backblech mit Backpapier belegen. Den Teig auf einer bemehlten Arbeitsfläche rechteckig ausrollen und die Fülle darauf gleichmäßig verteilen. Teig eng anliegend einrollen, auf das Backblech setzen und mit verquirltem Ei bestreichen. Den Strudel im vorgeheizten Rohr ca. 30 Min. lang backen.

Mein Menüvorschlag:

Suppe: Hühnersuppe (S. 27)
Dessert: Obstsalat mit Joghurt und Walnüssen (S. 162)

Gutes Gelingen wünscht
Gertha Auer, Klosterneuburg

„Das einzige, was die Armut beseitigen kann, ist miteinander zu teilen."

Mutter Theresa

Letscho

Zutaten:

2 mittelgroße Zwiebeln
1 TL Paprikapulver
Salz, Pfeffer
4 Paprika
¼ kg Faschiertes
4 große oder 6 kleinere Tomaten
4 EL Öl
Knoblauch

So wird's gemacht:

Das Faschierte vorher mit Salz und Pfeffer kurz anbraten. Die Zwiebeln in Ringe scheiden, die Paprika in ca. 2 x 2 cm große Stücke schneiden, Tomaten in Viertel oder Achtel schneiden. Die Paprika zuerst in Öl anbraten, dann die geschnittenen Zwiebeln dazu, den Knoblauch und das Paprikapulver kurz mitrösten und mit einem Schuss Essig ablöschen. Die Tomaten und das Faschierte dazugeben und das Ganze ca. 30 Min. weichdünsten. Abschmecken und mit Nudeln servieren.

Mein Menüvorschlag:

Vorspeise: Tramezzini (S. 138)
Dessert: Fruchtsalat

Gutes Gelingen wünscht
Christine Zubal, Wien

„Maritschari" – Risotto à la Soma

Zutaten:

1 große Zwiebel
2 Tassen Reis
4 Tomaten
250 g Wurst (Extra, Knacker, Dürre)
1 roter Paprika
1 grüner Paprika
Salz, Pfeffer
Kräuter nach Belieben

So wird's gemacht:

Zwiebel kleinschneiden und anschwitzen. Wurst, Paprika, Tomaten schneiden und dazugeben. Alles gemeinsam durchrösten.
Mit Reis und 4 Tassen Wasser aufgießen. Würzen und dünsten, bis der Reis weich ist. Mit Kräutern bestreuen und servieren.

Gutes Gelingen wünscht
Christine Venier, Krems

Moussaka

Zutaten:

150 g Kartoffeln
50 g Zucchini
50 g Auberginen
50 g faschiertes Rindfleisch
10 g geraspelte Kartoffeln
10 g geraspelter Sellerie
20 g gehackte Zwiebeln
5 g Öl zum Anbraten
20 g Margarine
20 g Mehl
120 g Milch-Wassergemisch
Salz, Pfeffer
Oregano, Muskat, Thymian
Knoblauch
Bechamel

So wird's gemacht:

Kartoffeln kochen, fein blättrig schneiden. Zucchini und Auberginen in Scheiben schneiden, in Öl anbraten und auf Küchenrolle abtropfen lassen. Im gleichen Öl Faschiertes, Karotten, Zwiebel, Sellerie anbraten und würzen. Margarine zergehen lassen, Mehl einrühren, kurz anschwitzen, vom Herd nehmen, mit Milch-Wassergemisch aufgießen, unter ständigem Rühren gut verkochen lassen und würzen. In eine befettete Auflaufform abwechselnd eine Lage Kartoffeln, Bechamel, Gemüse, Faschiertes, Bechamel usw. Mit Bechamel abschließen, eventuell mit Parmesan bestreuen und bei 180° C etwa 20 bis 25 Min. überbacken.

Gutes Gelingen wünscht
Rosa Greindl, Linz

Pfannen-Lasagne

Zutaten:

½ kg Brot (weiß oder dunkel)
½ kg Gemüse nach Wahl
¼ kg Wurst
¼ kg Käse
¼ l Milch
1 Ei

So wird's gemacht:

Brot schichtweise in eine Auflaufform legen, dazwischen Gemüse, Wurst und Käse geben, würzen und mit einer Mischung aus Milch, Ei und Gewürzen übergießen. Im Rohr ca. 20 bis 30 Min. bei 150° C backen.

Als Dessert schmeckt Scheiterhaufen (S. 144).

Gutes Gelingen wünscht
Brigitta Kratochvil, Stockerau

„Ein bisschen Güte von Mensch zu Mensch ist besser als alle Liebe zur Menschheit."

Richard Dehmel

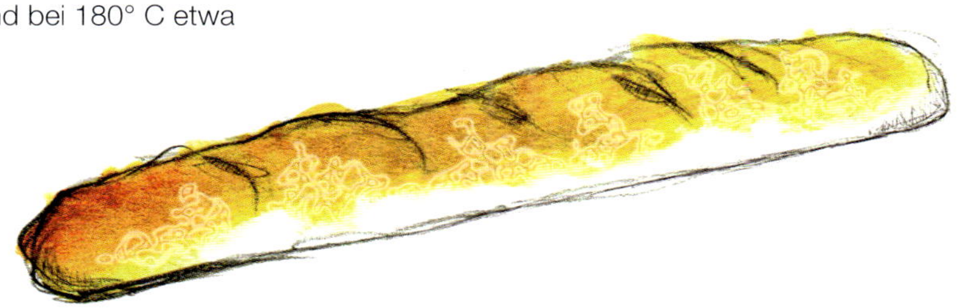

Coca-Cola
Gemeinsam schmeckt´s am besten.
Guten Appetit mit
Coca-Cola
Coca-Cola gehört einfach dazu.
* 2010 The Coca-Cola Company. Coca-Cola, Coke, the Dynamic Ribbon Device and the design of the „Coca-Cola" Contour Bottle are registered trade marks of The Coca-Cola Company.

Sarma

Zutaten:

½ kg geputzter Kohl
1 große Zwiebel, fein gehackt
½ kg gemischtes Fleisch
50 g Reis
Pfeffer, Salz
Petersilie
Vegeta*
Öl

So wird's gemacht:

Die Zwiebel zusammen mit dem Fleisch in Öl braten. Mit Pfeffer, Salz und Vegeta würzen, auf Wunsch auch Petersilie und Dille dazugeben. Nach 10 Min. den Reis hinzufügen und alles vermischen. Die Kohlblätter mit dem Fleisch füllen (dazu einen Esslöffel verwenden) und eine Rolle machen. Im Kochtopf die Rollen nebeneinander legen und ca. 1 Stunde lang kochen.

Dazu schmecken Knoblauch und Gurkensalat

Gutes Gelingen wünscht
Zivorad Radonjic, Wien

* Gewürzmischung aus Kräutern und verschiedenen Gemüsesorten

Thüringer Zampen

Zutaten:

800 g gekochte und zerstampfte Kartoffeln
1 Ei
etwas Milch
Salz, Pfeffer
150 g Frühstücksspeck
oder geräucherte Dürre
4 in Ringe geschnittene Zwiebeln

So wird's gemacht:

Die zerstampften Kartoffeln mit verquirlter Eiermilch, Salz und Pfeffer vermischen. In etwas Öl die fein gewürfelte Wurst oder den Speck mit den Zwiebelringen goldbraun braten, unter den Kartoffelbrei mischen und mit beliebigem Salat servieren.

Mein Menüvorschlag „Hungriger Holzknecht":

Suppe: Knoblauchsuppe (S. 28)
Dessert: Melkermuas (S. 143)

Gutes Gelingen wünscht
Sylvia El-Khoury, Mödling

„In früheren Zeiten konnte einer ruhig vor seinem vollen Teller sitzen und sich's schmecken lassen, ohne sich darum zu kümmern, dass der Teller seines Nachbarn leer war. Das geht jetzt nicht mehr, außer bei den geistig völlig Blinden. Allen übrigen wird der leere Teller des Nachbarn den Appetit verderben."

Marie von Ebner-Eschenbach

Fleischlose Gerichte

Brennnessellaibchen

Zutaten:

300 g Brennnesselblätter
3 alte Semmeln
Milch
40 g Fett
1 Zwiebel
1 Ei
Mehl
Salz, Pfeffer
Muskat
Öl zum Ausbacken

So wird's gemacht:

Brennnesselblätter waschen, mit kochendem Wasser überbrühen, abtropfen lassen, dann fein hacken. Geschnittene Zwiebel in Fett anrösten. Gewürfelte Semmeln mit Milch anfeuchten. Im Weitling Zwiebel, Semmelwürfel, gehackte Brennnesseln mit Ei und Gewürzen zu einer Masse verkneten, kleine Laibchen formen und ausbacken.

Mein Menüvorschlag „Lachender Buck“:

Vorspeise: Spitzwegerich-Apfel-Salat (S. 45)
Dessert: Hagebutten-Eis (S. 159)

Gutes Gelingen wünscht
Sylvia El-Khoury, Mödling

Brot-Rösti mit Pilzen

Zutaten:

¼ kg älteres Brot, nicht zu hart
½ kg gemischte Pilze
2 EL Butter
1 kleine Zwiebel, fein gehackt
¾ l Milch
4 mittelgroße Eier
Salz, Pfeffer
1 EL Thymian
1 Bund Schnittlauch

So wird's gemacht:

Brot in dünne Streifen schneiden und in einer Bratpfanne rösten, herausnehmen. Butter erwärmen und Pilze beigeben, 1 bis 2 Min. anbraten und herausnehmen. Zwiebel mit Thymian andämpfen. Milch, Eier und Gewürze verrühren, zu den Zwiebeln dazugeben und auf kleiner Flamme unter Rühren leicht fest werden lassen. Die Hitze erhöhen, geröstetes Brot und gebratene Pilze dazugeben und weiterrühren. Alles heiß werden lassen, Schnittlauch zugeben und gleich anrichten.

Gutes Gelingen wünscht
Julia, Wien

„Wir selbst müssen die Veränderung sein, die wir in der Welt sehen wollen.“

Mahatma Gandhi

Brotschmarrn

Zutaten:

Würfelig geschnittenes Brot
⅜ l Milch
Salz
2 Eier
1 große geschnittene Zwiebel
geriebener Käse zum Bestreuen
Butter zum Rösten

So wird's gemacht:

Das geschnittene Brot mit gesalzener Eiermilch übergießen. Nach dem Anziehen der Flüssigkeit das Brot in heißer Butter mit Zwiebeln goldgelb rösten. Vor dem Anrichten den Schmarrn mit geriebenem Käse bestreuen.

Sehr gut als Beilage passt Salat.

Gutes Gelingen wünscht
Rene Orgelmeister, Pernitz

Deftiges Risotto mit Tomaten-Paprika-Salat

Zutaten:

Risotto:
1 mittelgroße Zwiebel
1 Tasse Reis
8 Karotten
1 Dose Tomatenstücke
2 Tassen Wasser
Butter
½ Suppenwürfel
Salz, Pfeffer
1 Becher Sauerrahm
2 TL Paprikapulver edelsüß

Salat:
1 mittelgroße Zwiebel
½ gelber Paprika
½ grüner Paprika
½ roter Paprika
2 Tomaten
Essig, Öl
Salz, Pfeffer

So wird's gemacht:

Risotto:
Zwiebel fein hacken und in Butter goldgelb rösten, die Hälfte der gewürfelten Dosentomaten dazugeben und einige Min. schmoren lassen.
2 Tassen Wasser und die Hälfte eines Suppenwürfels hineingeben und aufkochen lassen. Erst dann eine Tasse Reis hinzufügen und ca. 20 Min. auf kleiner Flamme zugedeckt kochen lassen. Währenddessen die Karotten in Scheiben schneiden und in Salzwasser kochen, bis sie gar sind, und unter den fertig gekochten Reis untermischen.
Zur Geschmacksverbesserung den Sauerrahm mit 2 TL Paprikapulver vermischen und unterrühren, mit Salz und Pfeffer abschmecken.

Salat:
Zwiebel in feine Streifen schneiden, Tomaten grob würfeln und in eine Schüssel geben. Den Paprika in Scheiben schneiden, hinzufügen und mit Essig-Öl-Marinade anrichten. Mit Salz und Pfeffer abschmecken.

Als Dessert schmeckt ein gefüllter Apfel (S. 158).

Gutes Gelingen wünscht
Arabella Theyrer, Wien

Eiernockerl

Zutaten:

½ kg Mehl
2 Eier
etwas Öl
Salz
Milch oder Wasser

So wird's gemacht:

Mehl, Milch, Eier, Salz und Öl zu einem glatten Teig verrühren, bis er sich vom Kochlöffel löst.
Wasser zum Sieden bringen und aus dem Teig auf einem Brett mit dem Messer kleine Nockerl formen (oder den Teig durch einen Spätzlehobel drücken) und im Wasser garen lassen.
Ca. 5 ganze Eier aufschlagen, in einer Pfanne zu einer Eierspeise braten, die fertigen Nockerl dazugeben und mit Schnittlauch servieren.

Mein Menüvorschlag:

Suppe: Gemüse-Kartoffelsuppe
mit Steinpilzen (S. 25)
Dessert: Sachertorte (S. 176)

Gutes Gelingen wünscht
Eva-Maria Kandil, Stockerau

„Manchmal kommt mehr heraus, wenn man sich mit jemandem zusammen- statt auseinandersetzt."

Andre Brie

KOTSCHEVER

Gegrilltes Gemüse mit Naturreis Spezial

Zutaten:

3 Paprika
2 Zucchini
1 Melanzani
1 kg Tomaten
6 Eier
1 kg Naturreis
2 Zwiebeln
¼ l Sauerrahm
Salz, Pfeffer

So wird's gemacht:

Naturreis Spezial:
Naturreis in der kochenden, gesalzenen Molke, die beim Dessert anfällt (Frischkäsebällchen in Orangenjoghurt, S. 156) ca. 40 Min. bissfest kochen (man beachte also, den Dessertschritt vorzuziehen, weil die Käseherstellung sowieso länger dauert), in der Zwischenzeit geschnittene Zwiebeln anrösten, gewürfelte Tomaten hinzugeben und gute 5 Min. bei mittlerer Hitze dünsten. Den heißen Reis mit Pfeffer und den Eiern gut verrühren und etwas kochen, bis die Eier durch sind, zuletzt die Zwiebel-Tomaten-Mischung dazu, gut vermengen und noch einmal abschmecken.

Gegrilltes Gemüse:
Paprika in große, flache Stücke schneiden und entkernen, Melanzani und Zucchini von größeren Kernen befreien, in knapp 1 cm dicke Scheiben schneiden und beide Seiten leicht salzen und pfeffern. In der Grillpfanne schön gar braten, Tomaten halbieren und auch scharf anbraten; das ganze verträgt frische sowie getrocknete Kräuter, sofern vorhanden. Für die Rahmsoße einfach den Rahm mit Salz, Pfeffer und eventuell Knoblauch abschmecken.

Mein Menüvorschlag:

Suppe: Melonensuppe mit Ingwer (S. 32)
Dessert: Frischkäsebällchen in Orangenjoghurt (S. 154)

Gutes Gelingen wünscht
Björn Draganov, Oberwart

Gemüsereis Indien

Zutaten:

½ Tasse Urkornreis
½ TL Garam Masala*
¼ Pkg Gemüse Allerlei
½ Becher Reibekäse

So wird's gemacht:

Den Urkornreis weichkochen und gut mit dem Garam Masala würzen. Das Gemüse Allerlei in einem Topf mit Salzwasser köcheln lassen. Dann das Wasser abseihen, das Gemüse zurück in den Topf geben und den Urkornreis hinzufügen. Vor dem Servieren noch einen halben Becher Reibekäse darüberstreuen und anrichten.

Mein Menüvorschlag:

Suppe: Kräutercremesuppe (S. 30)
Dessert: Mangocreme (S. 161)

Gutes Gelingen wünscht
Gabriele Rieser, Salzburg

* Garam Masala ist eine Mischung von meistens gemahlenen Gewürzen zur Zubereitung von Currys in der indischen Küche.

„Viele Probleme sind von Menschen gemacht, darum können sie auch von Menschen gelöst werden."

John F. Kennedy

Gemüse-Laibchen

Zutaten:

6 bis 8 Karotten
1 Sellerie
⅛ l Suppe (Gemüse)
1 ½ Zucchini
2 Eier
3 EL Buchweizenmehl
3 EL gehackte Petersilie
1 EL Basilikum
Pfeffer, Salz
Öl

So wird's gemacht:

Karotten und Sellerie waschen und putzen. Die halbe Menge des Gemüses kleinwürfelig schneiden und in der Suppe knackig kochen, abseihen und auskühlen lassen.
Das restliche Gemüse waschen, putzen und kleinwürfelig schneiden, dann mit dem gekochten Gemüse vermengen. Das Gemüse mit Eiern und Mehl vermengen. Mit Kräutern, Pfeffer und Salz abschmecken, Laibchen formen und in heißem Öl knusprig ausbacken.

Gutes Gelingen wünscht
Gerda Christof, Klosterneuburg

Gervaispuffer mit Apfel-Ingwer-Kraut

Zutaten:

750 g Kartoffelknödelteig
2 Eier
½ Tasse Wasser oder Milch
250 bis 350 g Gervais
1 TL Salz
1 Pkg (ca. 500 g) Rotkraut
1 Pkg (ca. 500 g) Sauerkraut
2 bis 3 mittelgroße Äpfel
1 TL Salz
1 Becher Sauerrahm
Kümmel, Zimt, Wacholderbeeren,
Koriander, Ingwer, Gewürznelken

So wird's gemacht:

Rotkraut und Sauerkraut mit ¼ l Wasser in einem großen Gefäß zum Köcheln bringen, 1 TL Salz hinzugeben. Äpfel waschen und ausputzen, danach zum siedenden Kraut in Würfelchen oder kleinen Scheiben hineinschneiden. Anschließend 7 Wacholderbeeren, 7 Gewürznelken, Koriander, Zimt und Kümmel, sowie Ingwer nach Geschmack und Verträglichkeit hinzufügen. Zum Abschluss noch einen Becher Sauerrahm hineinrühren. Insgesamt ca. 10 Min. sieden lassen, fertig ist das Apfel-Ingwer-Kraut. Während das Kraut vor sich hinkocht, den Kartoffelknödelteig in eine Schüssel füllen, 2 Eier, den gesamten Gervais, 1 TL Salz sowie eine ½ Tasse kaltes Wasser oder kalte Milch hinzugeben. Alles gut vermengen (händisch oder mit Mixer) und dann schöpflöffelweise in einer beschichteten Pfanne mit Sonnenblumenöl beidseitig herausbraten. Wenden, wenn die Teigränder in der Pfanne ersichtlich braun sind.

Gutes Gelingen wünscht
Horst Bäcker, Linz

„Was kann uns glücklicher machen, als das Glück, das wir anderen schenken."

Robert Waber

Gibanica

Zutaten:

4 Eier
400 g Käse
1 Pkg Teigblätter
Mineralwasser, Öl

So wird's gemacht:

Für die Füllung den Käse zerstoßen und die Eier dazugeben. Alles mit ein bisschen Mineralwasser und Öl mischen.
Das Blech mit Öl bestreichen. Die Füllung zwischen die Teigblätter streichen, das oberste Teigblatt mit Öl bestreichen. Bei 200° C 20 Min. lang backen. Dazu passen Joghurt und Sauerrahm.

Gutes Gelingen wünscht
Zivorad Radonjic, Wien

Gnocchi mit Gorgonzola-Soße

Zutaten:

1 kg Kartoffeln
etwas Mehl
Gorgonzola
Milch
Salz
Pfeffer

So wird's gemacht:

Kartoffeln weichkochen und abkühlen lassen. Danach schälen, zerstampfen und mit etwas Mehl zu einem festen Teig verarbeiten.
In der Zwischenzeit Wasser mit etwas Salz zum Kochen bringen. Den Teig teilen und zu etwa 3 cm starken Rollen verarbeiten. Von den Teigrollen jeweils 1 cm breite Stücke schneiden und sofort in das kochende Wasser geben. Die Gnocchi sind fertig, wenn sie an der Wasseroberfläche schwimmen.
Gorgonzola mit Milch in einer Pfanne bei schwacher Hitze erwärmen, mit Salz und Pfeffer würzen.

Je nach Geschmack kann das Gericht mit Basilikum verfeinert werden.

Mein Menüvorschlag:

Suppe: Panadlsuppe (S. 33)
Dessert: Arme Ritter (S. 148)

Gutes Gelingen wünscht
Angela Proksch, Wien

Gratinierte Kartoffelgnocchi

Zutaten:

1 kg Kartoffelgnocchi
Salz
1 Bund Frühlingszwiebeln
1 roter Paprika
400 g Mozzarella
4 Knoblauchzehen
4 EL Olivenöl
Salz, Pfeffer
1 roter Paprika

So wird's gemacht:

Kartoffelgnocchi nach Packungsaufschrift kochen und abseihen. Die Frühlingszwiebeln in Ringe, den Paprika in feine Streifen schneiden, alle Zutaten mit dem Olivenöl und dem gewürfelten Mozzarella mischen und mit Salz und Pfeffer würzen.
Eine feuerfeste Form einfetten, die Gnocchi darin verteilen und die Mozzarellamischung darübergeben. Im heißen Ofen ca. 15 Min. überbacken. Als Beilage schmeckt Salat.

Gutes Gelingen wünscht
Helmut Müller, Neunkirchen

Griechischer Spinatstrudel

Zutaten:

1 Pkg Blattspinat
150 g Schafkäse
2 Eier
1 kleine Zwiebel
20 g Butter
Dille, Petersilie, Salz, Pfeffer
4 Strudelblätter

So wird's gemacht:

Die Zwiebel fein hacken, goldgelb rösten und unter den aufgetauten Spinat mischen. Den Schafkäse fein zerbröseln, mit Dille, Petersilie, Salz und Pfeffer abschmecken. 2 Eiklar zu einem steifen Schnee schlagen, mit den Dottern zu der Spinatmasse geben, diese anschließend auf die Strudelblätter streichen. Den Strudel einrollen, mit Butter bestreichen und bei mittlerer Hitze ca. 30 Min. backen.

Gutes Gelingen wünscht
Annemarie Angermann, MMS

„Die Welt hat genug für jedermanns Bedürfnisse, aber nicht für jedermanns Gier."

Mahatma Gandhi

Grundberne Straubm

Zutaten:

1 Pkg Germ
250 g Mehl
6 gekochte, geriebene Kartoffeln
5 EL Milch
3 EL Sauerrahm
Salz
Prise Paprika
Öl zum Ausbacken

So wird's gemacht:

Aus Mehl, Milch und Germ ein Dampfl bereiten: Mehl in eine Schüssel geben und eine kleine Mulde hineindrücken. Germ in warmer Milch auflösen, in die Mulde gießen und an einem warmen Ort gehen lassen.
Dann die Kartoffeln mit dem Dampfl, Mehl, Sauerrahm, Salz und Paprika gut abarbeiten, 20 Min. gehen lassen.
Den Teig dick ausrollen und in Rechtecke schneiden, nochmals aufgehen lassen.
Bevor man die Stücke ausbäckt, pro Stück in der Mitte 2 x einschneiden. Im Fett beidseits goldbraun backen und heiß mit einem „Boahscharlsalat" (siehe Seite 39) servieren.

Mein Menüvorschlag „Stoasteirisch":

Salat: Boahnl- oder Boahscharlsalat (S. 39)
Dessert: Blaubeersulz (S. 150)

Gutes Gelingen wünscht
Sylvia El-Khoury, Mödling

Gurkengemüse mit Kartoffeln

Zutaten:

4 Salatgurken
5 bis 7 Kartoffeln
3 Knoblauchzehen
1 Becher Sauerrahm
Dille frisch oder getrocknet
Salz, Pfeffer

So wird's gemacht:

Die Gurken schälen und in feine Stifte raspeln, zerkleinerten Knoblauch, Salz und Pfeffer dazugeben und im Kochtopf kurz dünsten. Dille nach Geschmack beigeben. Kartoffeln kochen und schälen. Den Sauerrahm verrühren und zu den gedünsteten Gurken geben. Nicht mehr kochen lassen. Abschmecken und danach Gurkensoße und die Kartoffeln anrichten.

Gutes Gelingen wünscht
Maria Bauer, Sieding, NÖ

„Tue den Mund auf für die Stummen und führe die Sache derer, die verlassen sind..."

Franz von Assisi

Hirselaibchen

Zutaten:

150 g Hirse
1 Lorbeerblatt
Pfefferkörner
½ Gemüsebrühwürfel
1 Zwiebel
1 Paprika
100 g Mischgemüse
eventuell 1 Ei
1 EL Stärkemehl oder Sojamehl
Kräutersalz, Muskatnuss
Öl zum Braten
Käse zum Belegen

So wird's gemacht:

Hirse in doppelter Menge Wasser weichkochen, das Lorbeerblatt, den Gemüsebrühwürfel und die Pfefferkörner mitkochen. In der Zwischenzeit kocht man das Gemüse weich, röstet die Zwiebel und Paprika in wenig Öl an, mischt die Zutaten unter die Hirsemasse, formt Laibchen und bäckt sie in der Pfanne heraus. Man kann die Laibchen mit einer Käsescheibe belegen und diese noch kurz zerrinnen lassen.

Gutes Gelingen wünscht
Christian Greindl, Linz

Hirse-Risipisi

Zutaten:

150 g Hirse
1 Lorbeerblatt
1 Zwiebel (gehackt)
1 Gemüsebrühwürfel
200 g Erbsen
100 g Butter
Kräutersalz
Käse zum Belegen

So wird's gemacht:

Doppelt so viel Wasser wie Hirse, Lorbeerblatt, Gemüsebrühwürfel und Zwiebel aufkochen, die gewaschene Hirse einstreuen und 5 Min. kochen lassen, die Erbsen und die Butter dazugeben und bei ausgeschalteter Platte 30 Min. nachquellen lassen. Vor dem Anrichten die Hirse lockern und mit Käse bestreuen.

Gutes Gelingen wünscht
Christian Greindl, Linz

„Glücklicher als glücklich ist derjenige, der andere glücklich macht."

Alexandre Dumas

Gerade in schlechten Zeiten ist es wahnsinnig wichtig, die Menschen nicht zu vergessen, die unverschuldet in die Armut gerutscht sind.

Der Anteil derer, die arm sind, ist erschreckend hoch – selbst in einem Land wie Österreich, welches von vielen als das Land „der Seligen“ bezeichnet wird! Aus diesem Grunde unterstütze ich SOMA.

Karlheinz Hackl
Burgschauspieler

Karfiol (Blumenkohl) mit Butterbröseln

Zutaten:

1 Karfiol
etwas Butter
Semmelbrösel
1 hartgekochtes Ei
Salz, Muskatnuss

So wird's gemacht:

Karfiol in Wasser (mit ein wenig Salz und Muskatnuss) kochen. Anschließend die Karfiolröschen in Butter in der Pfanne braten. Zum Schluss mit Butterbröseln und einem gehackten, hartgekochten Ei bestreuen.

Dieses sehr einfache Gericht haben mir damals meine Schauspielkollegen vom Hamburger Thalia-Theater während meiner „Hamburger Zeit“ (von 1976-78) empfohlen. Ich konnte damals weder kochen, noch hatte ich viel Geld. Dieses Gericht hat mir oft, wenn es schnell gehen musste, meinen Hunger gestillt. Ich habe es geliebt und mache es auch noch heute für meine Kinder.

Gutes Gelingen wünscht
Karlheinz Hackl

Kärntner Käsnudeln

Zutaten:

Für den Teig:
250 g Mehl
1 Ei
½ TL Salz
1 EL Öl
150 ml Wasser

Für die Fülle:
½ kg Kartoffeln, gekocht und gepresst
¼ kg Bröseltopfen
Salz
Minze

So wird's gemacht:

Mehl, Ei, Wasser, Salz und Öl zu einem Teig zusammenkneten und ca. 30 Min. ruhen lassen.

Alle Zutaten für die Fülle in eine Schüssel geben und gut verrühren. Dann den Teig ausrollen und mit einem Keks-Ausstecher oder einer Tasse ca. 10 cm große Kreise ausstechen. Auf einer Hälfte der Kreise ein Häufchen (1 EL) Fülle geben, dann den Teig zusammenschlagen und die Ränder gut zusammendrücken. In einem Topf gesalzenes Wasser zum Kochen bringen, die Käsnudeln hineingeben und ca. 10 bis 15 Min. ziehen lassen. Mit Butterschmalz oder Grammeln servieren.

Gutes Gelingen wünscht
Eva R., Klagenfurt

Kartoffel-Käse-Laibchen

Zutaten:

½ kg mehlige Kartoffeln
1 Zwiebel
30 g griffiges Mehl
2 Eier
Salz , Pfeffer
1 EL Majoran
100 g Käse (z.B. Gouda)
Semmelbrösel
Öl zum Anbraten

So wird's gemacht:

Die gekochten und geschälten Kartoffeln noch heiß durch die Kartoffelpresse in eine Schüssel drücken. Zwiebel würfelig schneiden und in wenig Öl rösten, mit den Eiern, dem Mehl und den Gewürzen zur Kartoffelmasse geben und zu einem geschmeidigen Teig kneten. Den Käse in Stücke (3 x 3 cm) schneiden. Aus dem Teig Laibchen formen, mit einem Käsestück füllen, in Semmelbröseln wenden und in heißem Öl knusprig braten.

Dazu passen Schnittlauchsoße und/oder Salat.

Gutes Gelingen wünscht
Helmut Müller, Neunkirchen

„Man sieht nur mit dem Herzen gut. Das Wesentliche ist für die Augen unsichtbar."

Antoine de Saint-Exupéry

LGV
Frisches Gemüse
Morgenrot!
Unsere samtig roten Tomaten werden frühmorgens geerntet, wenn die Luft noch taufrisch ist. So konzentrieren sie ihr ganzes Aroma in der Frucht. Unsere Rispentomaten schmecken einzigartig und intensiv. So viel Geschmack hat nur Österreich zu bieten.
Wie aus dem eigenen Garten:
Frisches Gemüse von unseren Gärtnern.
LGV
rispentomaten
Frischgemüse aus Österreichs Sonnenregion
www.lgv.at

Kartoffelpuffer mit Letscho

Zutaten:

1 Pkg Kartoffelpuffer
5 Paprika
1 Dose gewürfelte Tomaten
Zwiebeln
Salz, Pfeffer
Knoblauch
Oregano

So wird's gemacht:

Kartoffelpuffer in heißes Fett geben und knusprig backen. Zwiebeln fein schneiden, Paprika nudelig schneiden und beides dünsten. Die Tomaten dazu und 10 Min. kochen. Mit Salz, Pfeffer, Knoblauch und Oregano würzen.

Gutes Gelingen wünscht
Maria Schmitt, Wien

„Der eigentliche Sinn des Reichtums ist, freigiebig davon zu spenden."

Blaise Pascal

Kartoffelrolle

Zutaten:

1 kg mehlige Kartoffeln
200 g Mehl
50 g Grieß
Salz, Muskatnuss
30 g Butter
1 Ei
150 g Speckwürfel oder 100 g Butter
120 g Brösel

So wird's gemacht:

Die Kartoffeln kochen, schälen, noch heiß auf das mit Mehl bestreute Nudelbrett passieren und salzen. Danach Kartoffeln, Mehl und Grieß locker mischen und mit den übrigen Zutaten rasch zu einem Teig verarbeiten (sonst wird der Teig zäh). Die Brösel in zerlassenem Speck oder in Butter rösten. Den Teig zu einem Rechteck auswalken, mit den Bröseln bestreuen und einrollen. Die Teigrolle in ein befettetes Tuch einbinden und in Salzwasser 20 Min. lang köcheln lassen. Die fertige Rolle in Scheiben scheiden, dachziegelförmig anrichten und mit Petersilie bestreuen. Dazu schmeckt grüner Salat.

Gutes Gelingen wünscht
Michael Hackl, MMS

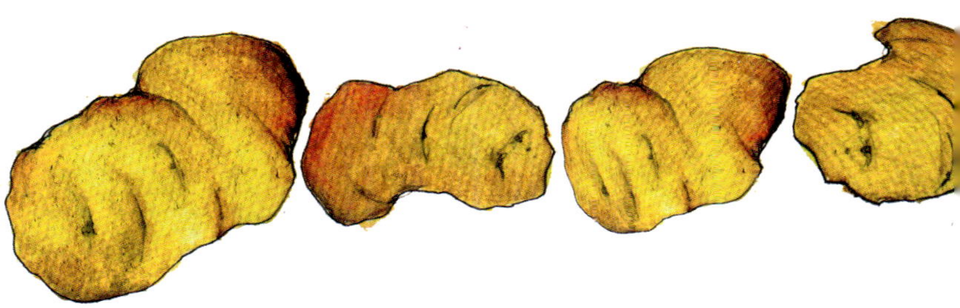

VERFÜHRUNG ALL´ ITALIANA

mit den Köstlichkeiten von CONTE DeCESARE

Pesti - Pomodori - Olio - Aceto

CONTE DeCESARE - die geschmackvolle Vielfalt original italienischer Gaumenfreuden.

CONTE DeCESARE bringt für die vielen Freunde italienischer Kochkunst in aller Welt das unnachahmliche Lebensgefühl Italiens direkt auf den Tisch.

Nur Originalprodukte aus den besten Regionen des Landes werden in das Sortiment gereiht. Traditionelle und moderne Spezialitäten bieten abwechslungsreichen, aber immer echten Genuß. Denn nichts ist so gut wie das Original, ist die einfache Philosophie von CONTE DeCESARE - und das wissen Genießer zu schätzen.

CONTE DeCESARE cucina italiana

BUON APPETITO!

www.contedecesare.it
Vertrieb: Ed. Haas Austria GmbH, A-4050 Traun

Käsespätzle

Zutaten:

250 bis 300 g Mehl
schwach ¼ l Wasser
Salz
1 bis 2 Eier
100 bis 150 g geriebener Käse
1 bis 2 Zwiebeln
Butter zum Rösten

So wird's gemacht:

Die Zutaten rasch zu einem Teig vermengen (nicht rühren und schlagen) und durch ein groß gelochtes Sieb (oder einen Spätzlehobel) in das kochende Salzwasser drücken. Wenn die Spätzle schwimmen, abseihen und mit geriebenem Käse vermischen. Die in Ringe geschnittenen Zwiebeln in heißer Butter rösten und darübergeben. Als Beilage schmeckt Salat.

Gutes Gelingen wünscht
Eva Hödl, Grünbach

„Wir neigen dazu, Erfolg eher nach der Höhe unserer Gehälter oder nach der Größe unserer Autos zu bestimmen als nach dem Grad unserer Hilfsbereitschaft und dem Maß unserer Menschlichkeit."

Martin Luther King

Melanzani-Gulasch

Zutaten:

Zwiebeln
Melanzani
Salz, Pfeffer, Kreuzkümmel, Zimt
Dosentomaten
Knoblauch
etwas Zitronensaft
Reis

So wird's gemacht:

Melanzani schälen, in Scheiben schneiden und in Öl anbraten. Zwiebeln und Knoblauch ebenfalls anbraten, Tomaten dazugeben, nach Geschmack würzen und aufkochen. Die Melanzanischeiben in mundgerechte Würfel schneiden, in die Soße geben und 10 bis 15 Min. darin dünsten.
Den Reis extra kochen und auch extra servieren.

Mein Menüvorschlag:

Suppe: Persische Suppe (S. 34)
Dessert: Melonenpunsch (S. 161)

Gutes Gelingen wünscht
Nayereh Gharib, Wien

Ofen-Gemüse

Zutaten:

1 Pkg Tiefkühl-Erdäpfel-Wedges (600 g)
2 rote Zwiebeln
4 Knoblauchzehen
6 EL Öl
1 Pkg Tiefkühl-Pusztagemüse (750 g)
5 EL Tiefkühl-Kräuter

So wird's gemacht:

Rohr auf 200° C vorheizen, Backblech mit Backpapier belegen und die Wedges gleichmäßig darauf verteilen. Mit Thymian und Rosmarin bestreuen. Wedges 25 Min. im Rohr backen und öfter wenden. Zwiebeln und Knoblauch schälen, Zwiebeln in Spalten und Knoblauch in Scheiben schneiden. Beides in Öl anbraten, Pusztagemüse unterrühren und laut Packungsanleitung fertiggaren. Gemüse salzen und pfeffern.
5 Min. vor Ende der Garzeit Wedges untermischen und mitgaren. Gemüse mit Kräutern bestreuen und servieren.

Mein Menüvorschlag:

Hauptgericht: Chili con Carne (S. 47)
Dessert: Strawberry Colada (S. 165)

Gutes Gelingen wünscht
Ema Maccari, Wien

„Wer die Tür nicht auftut, um Almosen zu geben, wird sie für den Arzt aufmachen."

Aus Indien

Risotto mit Champignons

Zutaten:

120 g Zwiebeln
1 Knoblauchzehe
2 EL Öl
60 g Butter
300 g Langkornreis
1 Gemüsesuppenwürfel
4 Scheiben Jausenspeck
300 g Champignons
250 g Schlagobers
1 EL Petersilie
Salz, Pfeffer

So wird's gemacht:

Zwiebeln und Knoblauch schälen und fein hacken. In einem Topf Öl und 40 g Butter erhitzen und darin 80 g der Zwiebeln hell anschwitzen. Knoblauch und Reis zugeben, glasig dünsten und so viel Wasser zugeben, dass der Reis gerade bedeckt ist. Den Gemüsesuppenwürfel beigeben und dabei öfters umrühren. Das Risotto mit Salz und Pfeffer würzen und 25 bis 30 Min. garen.
Die Speckscheiben in feine Streifen schneiden und mit den restlichen Zwiebeln in 20 g Butter andünsten. Die Champignons in feine Scheiben schneiden und zwei Min. mitbraten, anschließend das Schlagobers zugeben und 2 bis 3 Min. einkochen. Die Speck-Pilz-Mischung würzen und unter das Risotto mengen.

Gutes Gelingen wünscht
Markus Forster, Waldviertel

Sauerkrautpuffer

Zutaten:

¾ kg Erdäpfel
¼ kg Sauerkraut
2 Eier
3 bis 4 EL Mehl
1 TL Kümmel
Salz, Pfeffer
Öl oder Butterschmalz

So wird's gemacht:

Erdäpfel schälen, waschen und grob raspeln, mit dem gewaschenen Sauerkraut, den Eiern und dem Mehl zu einem Teig verarbeiten, mit Salz, Pfeffer und Kümmel würzen. Die Masse zu Puffern formen und in heißem Fett herausbacken. Dazu schmecken Salate nach Saison.

Mein Menüvorschlag:

Suppe: Eingetröpfelte Suppe (S. 21)
Dessert: Zwetschkenknödel nach Omas Rezept (S. 145)

Gutes Gelingen wünscht
Gabriele Kapun, Tulln

Schmelzkäsekuchen und würzige Buttermilch

Zutaten:

Für den Schmelzkäsekuchen:
12 Scheiben altes Weiß- oder Mischbrot ohne Rinde
75 g Butter
2 EL Kümmelkörner
½ l Milch
5 Schmelzkäse-Ecken
Salz, Paprikapulver

Für die würzige Buttermilch:
1 l Buttermilch
Schnittlauch
1 EL Ketchup
Pfeffer, Salz

So wird's gemacht:

Schmelzkäsekuchen:
Eine flache Form mit der Butter ausstreichen, Brotscheiben einlegen, Kümmel darüberstreuen. Brot mit Milch befeuchten (so viel, wie es gerade aufnimmt). Die restliche Milch erhitzen, vom Feuer nehmen, den zerdrückten Eckerlkäse, Salz und Paprika einrühren, bis eine mollige Creme entsteht. Diese über das Brot gießen und alles 25 Min. bei 180° C im Rohr backen. Noch warm portionieren.

Würzige Buttermilch:
Buttermilch mit den übrigen Zutaten vermengen, in Gläser füllen und ½ Stunde kühlen.

Als Dessert schmecken gebratene Ananasscheiben (S. 157)

Gutes Gelingen wünscht
Sylvia El-Khoury, Mödling

Schwammerl-Gulasch

Zutaten:

½ kg Pilze
60 g Fett oder Butter
½ Zwiebel
1 TL Paprika
Kümmel
Mehl
Suppe
Salz
Rahm

So wird's gemacht:

Feingehackte Zwiebel in Fett oder Butter goldgelb anlaufen lassen, mit 1 TL Paprika und etwas Kümmel würzen und die gereinigten, blättrig geschnittenen oder halbierten Pilze dazugeben. Die Pilze bei guter Hitze halb weichdünsten, mit Mehl stauben, gut durchrösten und mit Suppe aufgießen. Anschließend die Pilze langsam in der Soße fertigdünsten. Zum Schluss die Soße salzen und mit Rahm verbessern.

Mein Menüvorschlag:

Suppe: Kohlrabisuppe (S. 29)
Dessert: Joghurtschale (S. 160)

Gutes Gelingen wünscht
Manuela Pilz, Mödling

„Die größten Menschen sind jene,
die anderen Hoffnung geben können."

Jean Jaurès

Schwammerl-Soße

Zutaten:

200 g Champignons
30 g Butter
Petersilie
Zwiebeln
2 EL Sauerrahm
Salz, Pfeffer
Zitronensaft

Einbrenn:
40 g Butter
40 g Mehl
etwas Suppe

So wird's gemacht:

Die Schwammerl putzen, mit Zwiebeln und grüner Petersilie in heißer Butter weichdünsten. Eine lichte Einbrenn bereiten und mit Suppe aufgießen. Nach dem Aufkochen mit Salz, Pfeffer und Zitronensaft würzen, die Schwammerl dazugeben und die Soße mit Sauerrahm verbessern.
Als Beilage schmecken Knödel.

Gutes Gelingen wünscht
Franziska Stangelauer, Ternitz

Schwammerl-Strudel

Zutaten:

½ kg Pilze
1 Zwiebel
1 EL Rama
1 Knoblauchzehe
1 Becher Crème Fraiche
2 Eier
1 Pkg Blätterteig
Joghurt
Schnittlauch

So wird's gemacht:

Zwiebel und Knoblauch hacken und in Rama anbraten, dann kleingeschnittene Pilze beigeben, salzen und dünsten, bis die Flüssigkeit verdampft. Mit Crème Fraiche und den Eiern mischen und beiseitestellen. Teig ausrollen, mit Fülle bestreichen und einrollen. Bei 180° C im Rohr 35 Min. backen. Schnittlauch mit Joghurt vermischen, salzen und mit Strudelstücken servieren.

Mein Menüvorschlag:

Suppe: Andalusische Paradeissuppe (S. 17)
Dessert: Frozen Mint-Chocolate (S. 154)

Gutes Gelingen wünscht
Sylvia El-Khoury, Mödling

Schwimmende Kartoffeln

Zutaten:

1 kg mehlige Kartoffeln
1 kleine Zwiebel, gehackt
1 TL Salz
2 EL Mehl
1 Becher Rahm
100 g Butter
3 EL Semmelbrösel

So wird's gemacht:

Die Kartoffeln schälen, grob würfeln und zusammen mit der gehackten Zwiebel in einen Topf geben. Mit Wasser bedecken und ca. 20 Min. kochen. Anschließend Kochwasser abgießen und ein klein wenig davon auffangen.
Die Kartoffel- und Zwiebelwürfel zerdrücken und mit dem Schneebesen zu einer kompakten Masse aufschlagen (wenn die Masse zu fest ist, etwas von dem Kochwasser dazugeben).
Rahm in eine Auflaufform geben und im vorgeheizten Rohr bei 100° warm halten. Mit 2 Löffeln aus der Masse vorsichtig Nockerl formen und auf den gewärmten Rahm setzen.
Butter in einer Pfanne leicht bräunen, über die Nockerl gießen, mit Semmelbröseln bestreuen und sofort servieren!

Gutes Gelingen!

„Liebe ist das einzige, was nicht weniger wird, wenn wir es verschwenden."

Ricarda Huch

MARESI
Natürlich
gentechnikfrei*
MARESI
Das Original
NATURREIN
AUS ÖSTERREICHS
ALPEN

Soja-Gulasch

Zutaten:

250 g Zwiebeln
250 g Sojawürfel
3 EL Paprikapulver (scharf)
1 TL Cayennepfeffer
2 TL Tomatenmark
Öl
Mehl
Majoran, Salz

So wird's gemacht:

Die Zwiebeln anrösten, Sojawürfel, Paprikapulver und Gewürze hinzufügen und sofort mit Wasser ablöschen (das Wasser soll alles abdecken). Eine halbe Stunde köcheln lassen. Dazu passen Salat und Brot.

Mein Menüvorschlag:

Vorspeise: Minestrone (S. 32)
Dessert: Apfelstrudel (S. 141)

Gutes Gelingen wünscht
Olena Surmach, Wien

Spinat-Gulasch

Zutaten:

Spinat
Getrocknete Pflaumen
Getrocknete Minze
Zwiebel
Salz
Pfeffer
Zitrone
Zucker

So wird's gemacht:

Zwiebel klein schneiden und in Öl rösten. Minze, Spinat und getrocknete Pflaumen mit wenig Wasser aufkochen lassen. Zum Schluss nach Geschmack mit Zitronensaft und Zucker abschmecken. Dazu wird Reis serviert.

Mein Menüvorschlag:

Vorspeise: Persisches Tsatsiki (S. 43)
Dessert: Obstsalat mit Honig (S. 161)

Gutes Gelingen wünscht
Nayereh Gharib, Wien

„Tu die kleinen Dinge jetzt: dann werden die großen allmählich zu dir kommen und bitten, getan zu werden."

Persisches Sprichwort

Tomaten mit Reisfüllung

Zutaten:

4 große, reife Tomaten
200 g Langkornreis oder Basmatireis
1 Zwiebel
1 Karotte
4 bis 6 Radieschen
Petersilie
Cayennepfeffer oder Chilipulver
1 Zitrone
Gemüsebrühe
Olivenöl
Salz

So wird's gemacht:

Von den gewaschenen Tomaten einen Deckel abschneiden, die Tomaten aushöhlen, innen leicht salzen und umgedreht abtropfen lassen.
Die fein geschnittene Zwiebel und die klein gewürfelte Karotte mit 4 bis 5 EL Öl auf kleiner Flamme köcheln.
Den knappe 20 Min. in der Gemüsebrühe gegarten Reis in einer Schüssel mit wenig Öl vermischen und abkühlen lassen.
Zwiebel-Karotten-Mischung, Radieschenscheiben, gehackte Petersilie, Saft und geriebene Schale der Zitrone, sowie jeweils eine Prise Salz und Cayennepfeffer unter den Reis mischen, die Tomaten damit füllen und 2 bis 3 Stunden im Kühlschrank ruhen lassen, danach die „Deckel" aufsetzen und servieren.

Gutes Gelingen wünscht
Markus Forster, Waldviertel

Zellerschnitzel mit Lauch-Soße

Zutaten:

Für die Zellerschnitzel:	*Für die Lauchsoße:*
2 Zellerknollen (Sellerie)	2 Stangen Porree
2 Eier	½ l Wasser
Salz, Pfeffer	1 EL Öl
Mehl	1 EL Mehl
etwas Wasser	Salz
Brösel	1 TL Senf
Öl zum Ausbacken	1 EL Essig

So wird's gemacht:

Zellerschnitzel:
Zeller mit Schale 20 Min. in Salzwasser kochen, schälen und in Scheiben schneiden. Aus den Eiern, Salz, Mehl, Pfeffer und Wasser einen dicken Teig rühren, Zellerscheiben durchziehen und in Bröseln wenden, in Öl goldbraun ausbacken.

Lauchsoße:
Lauch waschen, putzen, in feine Ringe schneiden, in Öl anbräunen, mit Mehl stauben, weiterrösten, mit Wasser ablöschen, 10 Min. köcheln lassen, mit Salz, Senf und Essig abschmecken, durchziehen lassen.

Als Dessert schmeckt eine Bananenkaltschale (S. 149).

Gutes Gelingen wünscht
Sylvia El-Khoury, Mödling

Zigarren-Börek

Zutaten:

1 Pkg Strudel- bzw. Yufkateig*
1 Pkg Schafkäse (250 g)
1 Ei
½ Bund Petersilie
Öl zum Ausbacken

So wird's gemacht:

Schafkäse mit der Gabel zerdrücken, mit gehackter Petersilie und dem Eigelb mischen. Aus dem Strudelteig 10 cm lange Streifen schneiden. Je Streifen 1 TL Fülle auf das erste Drittel streichen, aufrollen und die Nahtstellen mit Eiweiß verkleben. Im heißen Öl ausbacken, auf ein Küchenkrepp legen, danach auf einen großen Teller oder eine Platte legen und servieren.

Mein Menüvorschlag „Orient":

Vorspeise: Bunte Salatplatte (S. 40)
Dessert: Frucht-Joghurt-Dessert
mit Zimtaroma (S. 155)

Gutes Gelingen wünscht
Sylvia El-Khoury, Mödling

* Yufkateig ist ein an Blätterteig und Strudelteig erinnernder Teig der türkischen, griechischen und arabischen Küche. Er wird für die Herstellung verschiedener salziger und süßer Backwaren verwendet.

Zucchini mit Parmesankruste

Zutaten:

Schalotten
Knoblauchzehen
500 g Zucchini
400 g Schältomaten
3 EL Olivenöl
Salz, Pfeffer
Essig
50 g Parmesan
Basilikum

So wird's gemacht:

Schalotten und Knoblauch hacken. Zucchini putzen, waschen und in Streifen schneiden. Tomaten waschen und halbieren und den Backofen auf 200° C vorheizen. Schalotten und Knoblauch in einer Pfanne mit Olivenöl anbraten. Zucchini und Tomaten hinzufügen und kurz braten. Mit Salz und Pfeffer würzen und mit Essig ablöschen. In eine Form geben und mit geriebenem Parmesan bestreuen. Ca. 10 Min. backen

Gutes Gelingen wünscht
Susanne S., Klagenfurt

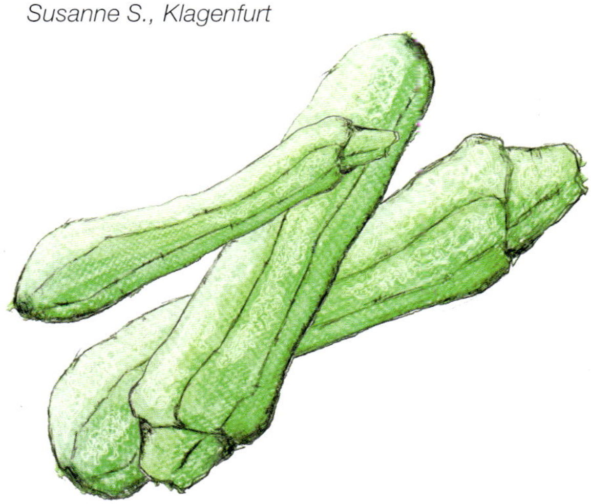

clever
VERGLEICHBARE PRODUKTE GIBT'S
NIRGENDS
BILLIGER!
BILLA lässt 14-tägig von einem unabhängigen Marktforschungsinstitut Preiserhebungen in den größten österreichischen Supermärkten und Diskontern durchführen (dm, Eurospar, Hofer, Interspar, Lidl, M-Preis, Schlecker, Nah&Frisch, Spar, Unimarkt, Zielpunkt).
Sollte bei der Preiserhebung ein vergleichbares Produkt bei einem anderen Supermarkt oder Diskonter billiger sein, senkt BILLA den clever®-Preis für die Dauer des Konkurrenzangebots! (Zwischen zwei Preiskontrollen kann die Konkurrenz billiger sein – bei der nächsten Preiskontrolle senkt BILLA den clever®-Preis für die Dauer des Mitbewerberangebots.)
Die clever®-Garantie gilt für alle Preise, ausgenommen Abverkaufspreise, regionale Aktionen, Neueröffnungs- und Online-Angebote. Weitere Informationen unter www.billa.at
BILLA
sagt der Hausverstand.

Zucchini-Karotten-Laibchen

Zutaten:

4 Eier
200 g Mehl
1 TL Salz
½ kg Zucchini
½ kg Karotten
2 Bund Petersilie oder Dill
2 Knoblauchzehen
eventuell 1 Messerspitze Kardamom
Semmelbrösel

So wird's gemacht:

Eier mit Salz und Kardamom versprudeln, Mehl unterrühren. Teig 30 Min. quellen lassen, geriebene Zucchini und Karotten sowie Knoblauch und Petersilie beimengen. Semmelbrösel dazugeben, Laibchen formen. In Öl braten und mit Joghurtsoße servieren.

Mein Menüvorschlag:

Suppe: Frühlingszwiebelsuppe mit Ingwer-Käsetoast (S. 24)
Dessert: Becherkuchen mit Obst (S. 170)

Gutes Gelingen wünscht
Herta Eisa, Linz

Zucchinipuffer

Zutaten:

½ kg Zucchini
1 kleine Zwiebel
1 Zehe Knoblauch
3 Eier
150 g kernige Haferflocken
50 g Käse, gerieben
Salz
Pfeffer
Basilikum

So wird's gemacht:

Zucchini schälen und in kleine Stifte reiben. Kleingehackte Zwiebel und Knoblauch sowie die Haferflocken, den geriebenen Käse und die Gewürze mit den Zucchini gut vermischen. Dann die Eier unterrühren, eventuell etwas Mehl dazufügen. In einer Pfanne wenig Öl erhitzen und mit einem Esslöffel die Zucchinimasse in das erhitzte Öl geben.

Gutes Gelingen!

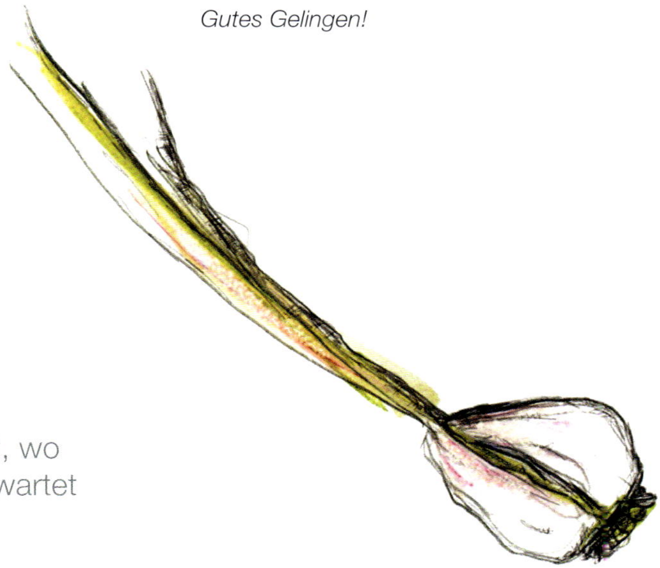

„Die wirkliche Liebe beginnt, wo keine Gegengabe mehr erwartet wird."

Antoine de Saint-Exupéry

Nudelgerichte

Bandnudeln mit Zucchini

Zutaten:

3 kleine Zucchini
1 bis 2 Zehen Knoblauch
Olivenöl
Salz, Pfeffer, Kerbel (getrocknet)
Bandnudeln oder andere Nudeln
nach Lust und Laune

So wird's gemacht:

Die Zucchini halbieren und in Scheiben schneiden, den Knoblauch in Olivenöl anrösten, die geschnittenen Zucchini dazuzugeben, mit Salz, Pfeffer und Kerbel würzen und alles ca. 5 Min. lang anbraten. Danach mit den bissfest gekochten Nudeln mischen und servieren.

Gutes Gelingen wünscht
Klaudia Pirhofer, MMS

Fleckerl mit Schinken und Paprika

Zutaten:

½ kg Fleckerl
250 g Schinken, klein gewürfelt
2 Paprika, kleinwürfelig geschnitten
½ Becher Sauerrahm
Salz
Pfeffer

So wird's gemacht:

Fleckerl im Salzwasser kochen und abseihen. Den gewürfelten Schinken unter die Fleckerl heben, mit Salz und Pfeffer würzen. Zum Schluss den frischen Paprika unterheben. Mit Sauerrahm verfeinern und servieren.

Als Dessert schmeckt ein Fruchtzwerg am See (S. 156)

Gutes Gelingen wünscht
Christian Falzberger, Stockerau

„Wohlstand ist nur ein Werkzeug, das man benutzen, und kein Götze, den man anbeten sollte."

Calvin Coolidge

Krautfleckerl mit gewürfelter Wurst

Zutaten:

½ Packung Fleckerl
2 l Wasser
Kraut
Salz
Öl
etwas Wurst
Kümmel

So wird's gemacht:

Die Fleckerl in ca. 2 l Wasser kochen, Salz und Öl dazu, danach kalt abschrecken. Das Kraut in der Pfanne mit Fett oder Öl und Kümmel anrösten, dann dünsten. Wurst und Fleckerl beigeben.

Gutes Gelingen wünscht
Anna Katzinger, Sarleinsbach

Krautfleckerl vegetarisch

Zutaten:

1 Krautkopf
2 Zwiebeln, fein gehackt
½ kg Fleckerl
1 Prise Zucker
Salz, Pfeffer
Essig
Feine Thea

So wird's gemacht:

Kraut halbieren (Strunk ausschneiden) und in feine Streifen schneiden.
Fleckerl in viel Salzwasser etwa 10 Min. lang kochen, abseihen und abtropfen lassen. Feine Thea in einer großen Kasserolle heiß werden lassen, Zucker darin bräunen, Zwiebeln kurz anrösten und mit Essig löschen. Kraut hinzugeben, salzen, pfeffern und mit etwas Wasser aufgießen. 20 Min. zugedeckt dünsten. Fleckerl unter das gedünstete Kraut mengen, bis sie erhitzt sind, danach servieren.

Mein Menüvorschlag:

Suppe: Erbsensuppe (S. 22)
Dessert: Eis

Gutes Gelingen wünscht
Traude Schennk, Wien

„Es ist die größte Lust des Lebens, anderen die Last des Lebens zu erleichtern."

Paul Keller

Krautfleckerl nach Bürgermeister Dobusch-Art

Zutaten:

1 Krautkopf
1 Zwiebel
Öl, Butterschmalz
2 TL Kristallzucker
Salz, Pfeffer, Kümmel
250 g Fleckerl
250 g Schulter vom Schwein

So wird's gemacht:

Kraut feinnudelig schneiden. Zwiebel fein schneiden, in Öl goldgelb anrösten, mit dem Kristallzucker karamellisieren. Kraut beigeben und unter Rühren weichdünsten.
Die Schulter kleinwürfelig schneiden, in Butterschmalz gut anbraten und dazugeben.
Inzwischen die Fleckerl in Salzwasser weichkochen, abseihen und unter das Kraut mischen. Mit Salz, Pfeffer und Kümmel kräftig würzen. Sofort servieren.

Für mich ist die geschmackliche Kombination von karamellisiertem Zucker, Kraut und Kümmel einfach groß- und einzigartig!

Gutes Gelingen wünscht
Franz Dobusch, Bürgermeister der Stadt Linz

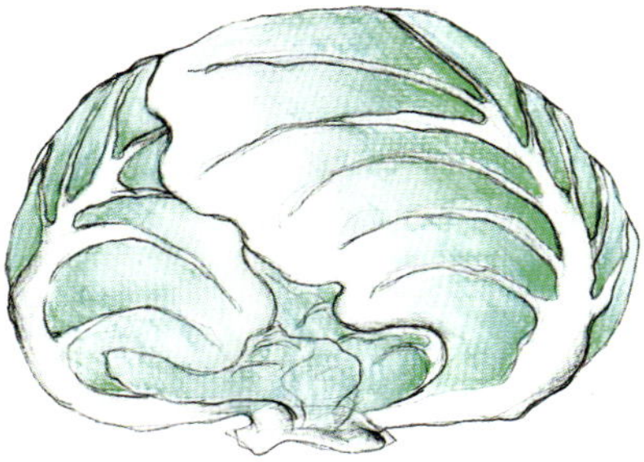

Viele LinzerInnen müssen Monat für Monat kämpfen, um mit ihrem Einkommen das Auskommen zu finden. Als Bürgermeister ist es mir ein ganz wichtiges Anliegen, soziale Ungerechtigkeit zu bekämpfen. Jede Maßnahme, die schwächeren Bevölkerungsgruppen – vor allem den Ärmeren – zugute kommt, ist zu begrüßen und zu unterstützen. Genau in diese Richtung ist der Verein SOMA tätig und dabei eine echte Hilfe für benachteiligte Menschen. Im September 1999 eröffnete der SOMA-Sozialmarkt Linz seine Pforten. Die Stadt Linz hat diese tolle Idee von Anfang an tatkräftig unterstützt. Durch Warenspenden von Handels- und Industriebetrieben bietet der SOMA-Markt ein reichhaltiges Sortiment von Produkten an. Damit setzt SOMA ein wichtiges Zeichen gegen Ausgrenzung, Benachteiligung und gegen Armut – denn Armut gehört mit allen Mitteln bekämpft.

Dr. Franz Dobusch
Bürgermeister der Stadt Linz

WEINBERGER
& HÖCHTL
Steuerberatung OG
Wirtschaftsprüfung GmbH
unser Steuerberater
A-3100 St.Pölten, Mariazeller Straße 150
Telefon 02742 / 75631-0
www.weinberger-hoechtl.at

HARIBO
HARIBO
GOLDBÄREN
HARIBO macht Kinder froh und Erwachsene ebenso

RE/MAX
RE/MAX St. Pölten
Plus Immobilienservice GmbH
3100 St. Pölten, Neugebäudeplatz 12
02742/23 100
office@remax-plus.at
www.remax-plus.at

Daily
SERVICE
LOGISTIKLÖSUNGEN AUS EINER HAND!
Teil- und Komplettladungstransport
Ab Produktion (Tiefkühl- Frische- Trockensortiment)
in ganz Europa
Tiefkühl Lagerhaltung
Für die Feinverteilung und Vorratslagerhaltung
Tiefkühl Kommissionierung
Von der Verpackungseinheit
bis zur Originalpalette
Feinverteilung
Tiefkühlprodukte in Österreich, Deutschland, Südtirol
Kühlwaren in Österreich
Wir bieten Ihnen die professionelle
Temperaturführungsqualität für Ihre hochwertigen Produkte!
Prüfen Sie mit uns gemeinsam
die Möglichkeiten zur qualitativen Optimierung!
Telefon: ++43(0)7224/67391-0; E-Mail: office@daily.at
Internet: www.daily.at

Lasagne

Zutaten:

250 g Lasagneblätter

Für die Bechamelsoße:
65 g Butter
65 g Mehl
1 l Milch

Für die Ragoutsoße:
400 g Faschiertes gemischt
250 g Schältomaten
1 große Zwiebel
1 große Knoblauchzehe
1 Suppenwürfel
5 EL Öl
Salz, Pfeffer, Oregano
Parmesan gerieben

So wird's gemacht:

Bechamelsoße:
Butter zerlassen und Mehl mit dem Schneebesen einrühren, mit Milch aufgießen und unter ständigem Rühren aufkochen lassen.

Ragoutsoße:
Zwiebel und Knoblauch fein hacken und in Öl leicht anbraten, Faschiertes hinzufügen und einige Min. mitbraten. Geschälte Tomaten oder Tomatenmark, 1 Suppenwürfel, Salz und Pfeffer beigeben, umrühren und auf kleiner Flamme 20 bis 30 Min. kochen lassen. Vom Herd nehmen und eine Prise Oregano ein-rühren.

Eine passende Auflaufform mit Butter einfetten und eine Schicht Bechamelsoße einfüllen, Lasagneblätter auflegen, mit Bechamelsoße und Ragoutsoße ausgiebig bedecken und mit Parmesan bestreuen. Diesen Vorgang so lange wiederholen, bis die Lasagneblätter und die Ragoutsoße aufgebraucht sind. Die letzte Teigblattschicht mit Bechamelsoße bedecken, mit Parmesan bestreuen und einige Butterflocken darüber verteilen. Bei 200° C ca. 45 Min. backen.

Gutes Gelingen wünscht
Markus Forster, Waldviertel

„Was ist das Menschlichste? –
Jemandem Scham ersparen."

Friedrich Nietzsche

natürlich
für uns
bio
Verantwortung tragen über Generationen ist „natürlich für uns".
www.natuerlich-fuer-uns.at
Erhältlich bei:
UNIMARKT
Nah&Frisch
bei ausgewählten Kaufleuten

Nudeln in Würstchen-Soße

Zutaten:

½ kg Nudeln
300 g Frankfurter Würstel
1 Zwiebel
2 Tomaten
½ roter Paprika
2 Knoblauchzehen
etwas Mehl
Ketchup
15 bis 20 Tropfen Tabascosoße
Majoran, Thymian, Pfeffer,
Wasser
1 EL Margarine

So wird's gemacht:

Nudeln nach Anleitung kochen. Frankfurter Würstel in Scheiben schneiden, Zwiebel, Tomaten und Paprika in Würfel schneiden. Die Knoblauchzehen schälen und pressen. Margarine in einer Pfanne erhitzen und die Würstelscheiben darin scharf anbraten, Zwiebel, Tomaten und Paprika dazugeben und kurz mitbraten lassen. Dann das Mehl darüberstreuen und vorsichtig umrühren. Mit Wasser aufgießen und die restlichen Zutaten dazugeben (die Soße sollte schon scharf schmecken!)
Abschließend die gut abgetropften Nudeln mit der Würstchensoße vermischen und servieren.

Je nach Geschmack kann auch etwas geriebener Käse darübergestreut werden.

Gutes Gelingen!

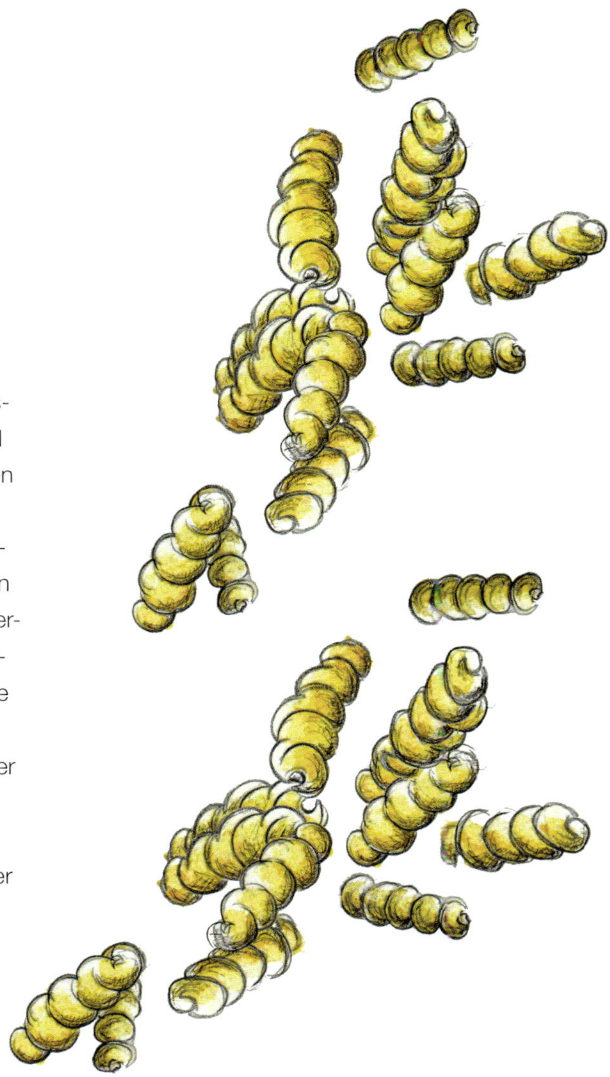

Pasta Miscolancos

Zutaten:

1 Zwiebel
allerlei Gemüsereste wie Karotten,
Paprika, Lauch, Broccoli, Karfiol,
Kohlsprossen etc.
mindestens eine Dose geschälte Tomaten
oder 1 Packung passierte Tomaten
1 Dose Tomatenmark, falls vorhanden

So wird's gemacht:

Gemüse und Zwiebel sehr klein schneiden und kurz in Öl anschwitzen. Danach die anderen Zutaten beigeben und ca. 10 Min. köcheln lassen.
Mit Salz und Pfeffer abschmecken.
Dazu passen Nudeln jeglicher Art.

Tipp:

Je nach Lust und Laune lässt sich dieses Grundrezept variieren, indem man weitere Zutaten verwendet, z.B.

- 1 Dose Thunfisch
- Salami oder Hartwurst
- Faschiertes oder Fleisch
- Schinken oder Schinkenwurst

Gutes Gelingen wünscht
Wolfgang Larch, MMS

Spaghetti Lentia fantastica

Zutaten:

½ kg Spaghetti
1 Dose Brätkügeli* in weißer Soße (420 g)
2 Dosen Tomaten gewürfelt (400 g)
3 Zwiebeln, 3 Karotten
3 bis 4 Knoblauchzehen
mind. 1 TL Salz
1 EL Olivenöl
1 EL Sonnenblumenöl
nach Belieben: Pfeffer, Paprika, Koriander, Ingwer, Kümmel, Zimt, Wacholder, frischer Salbei, frisches Basilikum, Parmesan (oder anderer Hartkäse)

So wird's gemacht:

Spaghetti in Salzwasser ca. 10 bis 15 Min. kochen, dann abseihen, nicht mit kaltem Wasser abschrecken. Danach mit etwas Olivenöl beträufeln und umrühren. Während die Spaghetti kochen, die Zwiebeln und Knoblauchzehen schälen, zerhacken und in einem Schuss Sonnenblumenöl oder Kochmargarine anschwitzen, anschließend die Karotten in relativ dünne Scheiben schneiden und dazugeben. Nun ca. 3 bis 5 Min. bei mittlerer Hitze ziehen lassen, danach die Dose Brätkügeli sowie die 2 Dosen Tomaten sowie etwa ¼ l Wasser dazugeben. Erneut ca. 5 bis 7 Min. sieden lassen, danach Salz und Gewürze nach Belieben langsam einrühren, zuletzt etwas Basilikum und Salbei darüberstreuen. Nach Belieben etwas geriebenen Käse darüberstreuen.

Gutes Gelingen wünscht
Horst Bäcker, Linz

* „Schwyzerdütsch" für Fleischbällchen

Thunfischnudeln mit Gurkensalat

Zutaten:

Für die Thunfischnudeln:
1 Dose Thunfisch Natur
1 Zwiebel
1 Becher Joghurt
1 Becher Sauerrahm
Salz, Pfeffer
Nudeln

Für den Gurkensalat:
1 Gurke
1 Becher Joghurt
1 bis 2 Knoblauchzehen
Salz

So wird's gemacht:

Thunfischnudeln:
Nudeln in Wasser mit einer Prise Salz kochen. Zwiebel fein hacken. Thunfisch aus der Dose nehmen, abtropfen lassen und zur Zwiebel dazugeben. Joghurt und Sauerrahm untermischen und mit Salz und Pfeffer würzen. Kurz ziehen lassen und mit den Nudeln anrichten.

Gurkensalat:
Gurke fein raspeln, ausdrücken und Gurkenwasser wegleeren. Gurke mit Salz würzen. Joghurt und gepresste Knoblauchzehen dazugeben und untermischen.

Als Dessert schmeckt ein Früchtebecher (S. 155).

Gutes Gelingen wünscht
Arabella Theyrer, Wien

Tortellini al Carne Ramsau

Zutaten:

mind. 2 ½ l Wasser
½ kg Tortellini mit Fleischfüllung
1 Pkg Tomaten-Basilikum-Suppe (39 g)
1 Dose Tomaten (400 g)
1 Dose Champignons (ca. 200 g)
3 Zwiebeln
1 Gurke
mind. 1 TL Salz
Pfeffer
2 EL Olivenöl
Parmesan (oder anderer Käse)

So wird's gemacht:

Die Tortellini kurz vor dem Aufkochen in 2 l Salzwasser geben, 15 bis 20 Min. sieden lassen, danach abseihen. In der Zwischenzeit die Tomaten-Basilikum-Suppe in ½ l kaltes Wasser einrühren, danach Zwiebeln und die Gurke würfelig schneiden, im Olivenöl separat leicht anbraten, die Champignons hinzufügen – etwas schmoren lassen, anschließend mit der Suppe aufgießen, nun die Dose Tomaten dazugeben, gute 8 bis 10 Min. sieden lassen. Hierzu können währenddessen die jeweiligen Gewürze nach Belieben beigemischt werden.
Anrichten:
Die Tortellini kreisförmig auf den Teller auflegen, rundherum und/oder in der Mitte die Tomaten-Gemüse-Soße platzieren, jene mit frischem Basilikum/Salbei bestreuen sowie Käse darüberreiben.

Gutes Gelingen wünscht
Horst Bäcker, Linz

Fleischgerichte

Faschierte Laibchen

Zutaten:

½ kg Faschiertes
2 Semmeln ohne Rinde
40 g Butter
2 Eidotter
1 Ei
Salz, Pfeffer
Muskatnuss
1 bis 2 verrührte Eier
Semmelbrösel

So wird's gemacht:

Die Semmeln in Milch einlegen. Dann die Butter mit den Eidottern und dem Ei schaumig rühren, die Gewürze und die Semmeln dazumischen und alles zusammen mit dem Fleisch gut verarbeiten. Aus dieser Masse daumendicke Laibchen formen, diese in dem verrührten Ei und den Semmelbröseln rollen und in heißem Fett goldbraun backen. Mit Zitronenscheiben garnieren und mit grünen Erbsen servieren.

Gutes Gelingen wünscht
Julnara Sulejmanova, Wien

Faschierter Braten

Zutaten:

½ kg Faschiertes
2 Semmeln
½ Zwiebel
1 Ei
Brösel
Petersilie
Salz, Pfeffer
Majoran

So wird's gemacht:

Die Semmeln einweichen und ausdrücken, die Zwiebel fein hacken. Das Faschierte zusammen mit der Zwiebel, den ausgedrückten Semmeln, Salz, Pfeffer, Majoran, Ei und der fein gehackten Petersilie in eine Schüssel geben und gut mischen. Wenn die Masse zu weich ist, kann man Brösel dazugeben. Dann einen Wecken formen und im Rohr braten. Öfters aufgießen. Dazu Kartoffeln servieren.

Mein Menüvorschlag:

Vorspeise: Gefüllte Paradeiser (S. 63)
Dessert: Apfelcreme (S. 147)

Gutes Gelingen wünscht
Christa Aktas, Wien

„Ein Tag ohne Lächeln ist ein verlorener Tag."

Charlie Chaplin

Fleischstrudel mit Schnittlauch-Soße

Zutaten:

Für den Fleischstrudel:
1 Pkg Blätterteig (300 g)
400 g Faschiertes
1 Zwiebel
2 EL Tomatenmark
2 EL Senf
1 Stange Lauch
2 Paprikaschoten (rot, grün)
20 g Semmelbrösel
2 Eier
Salz, Pfeffer
1 TL Paprikapulver edelsüß
1 TL Majoran
40 g geriebener Emmentaler
Öl

Für die Schnittlauch-Soße:
250 g Sauerrahm
Mayonnaise
Essig
Salz, Pfeffer
1 Bund Schnittlauch

So wird's gemacht:

Fleischstrudel:
Gehackte Zwiebel in Öl anschwitzen, Faschiertes anbraten, Tomatenmark und Senf dazu. Paprika würfeln, Lauch schneiden, kurz mitrösten, salzen, pfeffern, erkalten lassen. Semmelbrösel und ein Ei unterrühren. Blätterteig ausrollen, die kalte (!) Fülle aufstreichen, mit Käse bestreuen. Ränder mit versprudeltem Ei bestreichen, Strudel aufrollen, auf ein mit Backpapier belegtes Blech legen. Auch außen mit Ei bestreichen. Bei 180° C etwa 40 Min. lang backen.

Schnittlauch-Soße:
Sauerrahm, etwas Mayonnaise, den Schnittlauch, einen Schuss Essig, Salz und Pfeffer verrühren und zum Fleischstrudel servieren.

Gutes Gelingen wünscht
Markus Forster, Waldviertel

„Wer eine Not erblickt und wartet,
bis er um Hilfe gebeten wird,
ist ebenso schlecht, als ob er sie
verweigert hätte."

Dante Alighieri

Geschmortes Hackfleisch mit Zwiebeln

Zutaten:

3 Zwiebeln
150 g Rinderhackfleisch
250 g Kartoffeln
170 g Karotten
150 g Erbsen
Salz, Kümmel, Rosmarin, Majoran
1 EL Tomatenmark
2 EL Petersilie
Fleischbrühe

So wird's gemacht:

Zwiebeln der Länge nach halbieren und in Halbringe schneiden. Öl erhitzen, die Zwiebeln andünsten. Hackfleisch zufügen und andünsten, bis es leicht gebräunt ist. Kartoffeln und Karotten in 1 cm große Würfel schneiden, untermischen, 3 Min. dünsten. Mit Fleischbrühe (oder Instant) aufgießen und nach Belieben würzen. Zugedeckt 8 Min. schmoren lassen, Erbsen 5 Min. vor Ende der Garzeit zufügen. Tomatenmark untermischen, das Gericht abschmecken und mit Petersilie anrichten.

Gutes Gelingen!

„Der Nützlichste unter den Menschen ist der, der seinen Mitmenschen Gutes tut."

Mohammed

Griechisches Pastitio

Zutaten:

¾ kg Faschiertes
Tomatenmark
1 Pkg passierte Tomaten
2 Zwiebeln
2 TL Moussakagewürz
1 Zucchini oder Melanzani
350 g Makkaroni

Bechamelsoße:
40 g Butter
40 g Mehl
¾ l Milch
Salz, Pfeffer, Muskatnuss

Brösel
geriebener Parmesan

So wird's gemacht:
Für die Bechamelsoße das Mehl in heißer Butter hellbraun anschwitzen, mit Milch aufgießen und unter Rühren sämig einkochen lassen. Mit Salz, Pfeffer und Muskatnuss abschmecken. Zwiebeln schneiden und hellbraun anrösten, Faschiertes und Knoblauch dazugeben, dann Tomatenmark und Tomaten, Zucchini und Moussakagewürz untermischen. 30 Min. lang dünsten lassen. Inzwischen die Makkaroni kochen, in eine gefettete Auflaufform geben, die Fleischsoße darübergießen, mit der Bechamelsoße bedecken, mit Bröseln und Parmesan bestreuen und bei 180° C hellbraun backen.

Gutes Gelingen wünscht
Annemarie Angermann, MMS

Es mag auf den ersten Blick frivol erscheinen, auf der einen Seite ein Kochrezept für ein gutes Essen zu finden und auf der anderen Seite nachdenkliche Worte darüber, dass es immer noch Menschen in unserem Land gibt, die Einrichtungen wie SOMA brauchen, um sich ausreichend Grundnahrungsmittel beschaffen zu können. Umso wichtiger ist es aber, dass es SOMA gibt. Ein Ort, an dem man günstig einkaufen, mit Menschen reden und einen Kaffee trinken kann, ohne gleich 10 oder 15 Euro bezahlen zu müssen. Ein Ort auch, den Arbeitslose als Sprungbrett zurück in den Arbeitsmarkt nutzen. Diese Kombination lässt SOMA aus Sicht des AMS etwas Besonderes sein – ein im wahrsten Sinn des Wortes gemeinnütziges Beschäftigungsprojekt. In diesem Sinne wünsche ich SOMA weiterhin viel Erfolg und Ihnen guten Appetit!

Mag. Karl Fakler
Geschäftsführer AMS Niederösterreich

Libanesischer Braten

Zutaten:

1 kg Schweinefleisch
1 mittlere Zwiebel
200 g Champignons
5 Essiggurken (mittelgroß)
1 ½ Becher Schlagobers
2 TL Currypulver
1 EL englischer Senf
1 kleines Glas Weinbrand
Salz, Pfeffer

250 g Langkornreis
1 kleine Zwiebel
1 roter Paprika
Petersilie, Salz und etwas Curry

So wird's gemacht:

Fleisch:
Das Fleisch in fingerdicke Streifen schneiden und in wenig Öl anbraten.
Fleisch aus der Pfanne nehmen und im Bratenrückstand die fein gehackte Zwiebel rösten.
Die blättrig geschnittenen Champignons dazugeben und kurz dünsten. Danach die in Streifen geschnittenen Gurkerl einrühren und das Fleisch wieder in die Pfanne geben. Kurz durchmischen, den Weinbrand darüber leeren und flambieren.
Mit Schlagobers ablöschen und mit Salz, Pfeffer und Senf würzen. Köcheln lassen, bis sämiger Saft entsteht (ca. 5 Min.).

Reis:
Roten Paprika und Petersilie fein hacken, Zwiebel fein schneiden und alles kurz anrösten. Danach mit Reis und Wasser (laut Angabe auf der Reispackung), Salz und Curry zum Kochen bringen. Dann im Rohr zugedeckt ca. 20 Min. garen lassen.

Gutes Gelingen wünscht
Karl Fakler

Rindsgulasch mit Nockerl

Zutaten:

Für das Gulasch:
600 g Rindfleisch (Wadschinken)
250 g Zwiebeln
Fett
Paprika, Kümmel, Majoran, Salz
¼ l Sauerrahm
1 EL Mehl

Für die Nockerl:
Butter, 1 Ei, Mehl, Milch, Salz

So wird's gemacht:

Gulasch:
Zwiebeln blättrig schneiden und in Fett goldbraun anrösten. Rindfleisch würfelig schneiden, dazugeben, mit Kümmel, Majoran und Salz würzen. Paprika dazugeben, kurz anrösten und mit Wasser aufgießen. Wenn das Fleisch weich ist, den Rahm mit dem Mehl gut verrühren und dazugeben. Kurz aufkochen lassen.

Nockerl:
Butter, Ei, Mehl, Salz und Milch zu einem Teig mischen, mit einem Löffel Nockerl ausstechen und in kochendes Salzwasser geben.

Mein Menüvorschlag:

Vorspeise: Mayonnaise-Eier (S. 135)
Dessert: Milchreis (S. 143)

Gutes Gelingen wünscht
Christa Aktas, Wien

Saftfleisch mit Nudeln

Zutaten:

Fleisch nach jeweiligem Angebot
(Huhn, Pute, Schwein …)
1 Pkg Nudeln nach Wahl
2 Pkg Saftfix
(z.B. Zürcher Geschnetzeltes)
Gemüse
eventuell Champignons

So wird's gemacht:

Nudeln kernig kochen. Fleisch in kleine Stücke schneiden, in Öl anbraten und mit Salz und Pfeffer würzen. Das Gemüse und die Champignons kleinschneiden und dazugeben. Das Saftfix mit ½ Liter Wasser beifügen und weitere 5 Min. köcheln lassen. Die Nudeln dazugeben und kurz ziehen lassen, bis der Saft eingezogen ist.

Gutes Gelingen wünscht
Monika Pilsinger, Tulln

„Die Liebe hat zwei Töchter:
die Güte und die Geduld."

Aus Italien

Schinkensteak mit Bratkartoffeln

Zutaten:

Für die Schinkensteaks:
2 dicke Scheiben Schinken pro Person
(am besten geräuchert)
Paprika
Champignons
Gemüse nach Wunsch
Käse in Scheiben

Für die Bratkartoffeln:
800 g Kartoffeln
1 Zwiebel, fein gehackt
Öl
Salz, Pfeffer

So wird's gemacht:

Schinkensteaks:
Die Schinkenscheiben mit Gemüse und Käsescheiben belegen und im Rohr bei ca. 150° C gut 15 Min. lang überbacken.

Bratkartoffeln:
Kartoffeln kochen, schälen, in Stücke schneiden und mit der Zwiebel im Fett anbraten. Dazu passt Salat.

Als Vorspeise schmeckt eine Kürbissuppe (S. 31).

Gutes Gelingen wünscht
Sieglinde Müller, Krems

Schweinsbraten mit Semmelknödeln und Stöckelkraut

Zutaten:

Für den Schweinsbraten:
Bauch- oder Schopfbraten, Salz, Pfeffer, Kümmel, Majoran, Thymian, etwas Wasser, nach Belieben etwas Knoblauch oder Zwiebel

Für die Semmelknödel:
200 g Knödelbrot
Salz, Pfeffer
1 Zwiebel
5 Eier
Petersilie

Für das Stöckelkraut:
1 Krautkopf
Kümmel, Salz

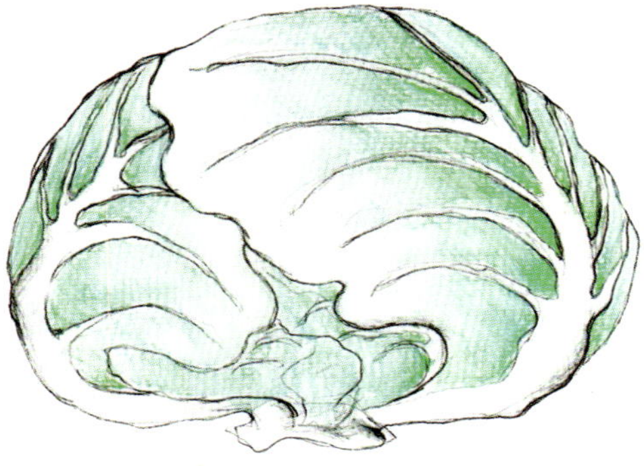

So wird's gemacht:

Schweinsbraten:
Das Fleisch mit Salz, Pfeffer, Kümmel, Majoran und Thymian würzen und mit der Schwarte nach unten auf das Backblech legen (die Schwarte gut mit Wasser bedecken).
Bei 200° C eine Stunde lang braten, danach umdrehen. Saft reduzieren und den Braten nicht mehr übergießen, da das Fleisch und die Schwarte sonst nicht knusprig werden. Nach etwa 1 ½ Stunden evtl. Knoblauchzehen oder Zwiebeln dazugeben.

Semmelknödel:
Zwiebel fein schneiden und goldgelb anrösten. Knödelbrot mit Eiern, Salz, Pfeffer und gehackter Petersilie vermischen und ca. 15 Min. rasten lassen. Danach aus der Masse Knödel formen, ins Wasser legen und 20 Min. ziehen lassen.

Stöckelkraut:
Krautkopf in Viertel teilen, mit Kümmel in Salzwasser weichdünsten. Danach werden die Krautstücke kurz zum Schweinsbraten ins Rohr gelegt.

Gutes Gelingen wünscht
Rosa Greindl, Linz

„Wenn auf der Erde die Liebe herrschte, wären alle Gesetze entbehrlich."

Aristoteles

Geflügelgerichte

Gefülltes Hendl im Römertopf mit Zwiebeln

Zutaten:

1 ganzes Huhn
geschälte Zwiebeln
Semmelwürfel
1 Ei
etwas Milch
Petersilie
Salz, Pfeffer
Brathendlgewürz

So wird's gemacht:

Den Römertopf über Nacht in Wasser einweichen. Für die Fülle Semmelwürfel mit Milch, Ei und Gewürzen vermengen und ziehen lassen.
Das Huhn waschen, füllen und verschließen (mit Speiseklammern oder Speisespagat).
Mit Brathendlgewürz bestreuen. In den Römertopf geben, die Zwiebeln dazulegen, Deckel schließen. Im vorgeheizten Rohr bei 200° C etwa 1 ¼ Stunden lang braten.

Gutes Gelingen wünscht
Monika Pilsinger, Tulln

Hühnerschnitzel mit Reis

Zutaten:

1 große Tasse Reis
1 Zwiebel
4 Hühnerschnitzel
Öl
Salz, Pfeffer
Vegeta*
1 bis 2 Tomaten

So wird's gemacht:

Die Zwiebel schneiden und in Öl braten. Den Reis mit Salz, Pfeffer und Vegeta würzen. Den Reis zusammen mit den Schnitzeln mit 3 großen Tassen Wasser im Backrohr bei 220° bis 250° C etwa 30 Min. lang garen.

Dazu passt Salat in allen Variationen.

Gutes Gelingen wünscht
Zivorad Radonjic, Wien

* Gewürzmischung aus Kräutern und verschiedenen Gemüsesorten

„Eigentlich sollte man einen Menschen nicht bemitleiden, besser ist es, ihm zu helfen."

Maxim Gorki

Huhn süß-sauer

Zutaten:

Für das Fleisch:
300 g Hühnerbrust
Salz, Pfeffer
100 g Mehl
30 g Stärkemehl
1 Ei
ca. ¼ l Wasser

Für die Soße:
50 g Bambussprossen
1 Ananasscheibe
50 g grüne Erbsen
50 g Champignons
1 grüner Paprika
1 roter Paprika
1 Knoblauchzehe
Öl
4 TL Zucker
1 TL Essig
2 EL Ketchup
Salz, Pfeffer
Sojasoße
etwas Rotwein

So wird's gemacht:

Fleisch:
Hühnerfleisch in Streifen scheiden und würzen. Mehl, Stärkemehl, Ei und etwas Wasser mit dem Schneebesen zu einem Teig verrühren. Fleisch in den Teig tauchen, in heißem Öl backen und warm stellen.

Soße:
Pilze und Paprika schneiden, Ananas würfeln. Öl in einer Pfanne erhitzen, gepressten Knoblauch, Zucker, Essig und Ketchup dazugeben, Pilze, Paprika, Bambussprossen, Ananas und Erbsen untermischen, würzen, mit Sojasoße, Salz und Pfeffer würzen, mit Rotwein aufgießen und bissfest dünsten. Eventuell mit etwas Stärkemehl binden. Das gebackene Hühnerfleisch erst kurz vor dem Anrichten zur Soße geben.

Mein Menüvorschlag:

Suppe: Kräutersuppe mit Fleischnockerl (S. 30)
Dessert: Schokolademousse (S. 163)

Gutes Gelingen wünscht
Ursula Borca, Wien

„Gebt denen, die hungern
von eurem Reis;
gebt denen, die leiden
von eurem Herzen."

Aus Asien

Knusprige Hendlhaxen mit Erbsenreis

Zutaten:

Für die Hendlhaxen:
4 ganze Hühnerkeulen
Öl
Geflügelgewürzmischung

Für den Erbsenreis:
2 EL Öl
½ Zwiebel, gehackt
1 Tasse Reis
1 gestrichener TL Salz
Erbsen
Petersilie, gehackt
2 Tassen Wasser

So wird's gemacht:

Hendlhaxen:
Die gewaschenen Hühnerkeulen jeweils im Gelenk mit dem Messer durchtrennen.
Öl in einer Grillpfanne stark erhitzen. Das Geflügel darin ca. 5 Min. goldbraun anbraten (dabei wenden), danach bei kleinerer Hitze weitere 20 Min., am besten zugedeckt, weiterbraten.

Erbsenreis:
Zwiebel in Öl anschwitzen, Reis dazugeben und mit Wasser aufgießen. Restliche Zutaten beimengen, wenn der Reis zu kochen beginnt, auf kleine Flamme zurückdrehen und langsam fertiggaren.

Als Dessert schmeckt Erdbeer-Eis (S. 153).

Gutes Gelingen wünscht
Astrid Merlin, St. Veit

Paprikahuhn

Zutaten:

1 ganzes Huhn
1 große Zwiebel
1 l Hühnerbrühe
¼ l Rahm
¼ l Schlagobers
40 g Mehl
2 EL Paprikapulver edelsüß
½ bis 1 EL Paprikapulver scharf
Tomatenmark
Salz
Zitronenschale

So wird's gemacht:

Das Huhn zerteilen, in wenig Öl anbraten und herausnehmen. Zwiebel klein würfeln und im selben Öl anschwitzen.
Paprikapulver dazugeben und mit der Hühnerbrühe aufgießen. Tomatenmark, Salz und ein wenig geriebene Zitronenschale dazugeben.
Die Hühnerstücke wieder in die Brühe legen und ca. 50 Min. kochen, dann wieder herausnehmen.
¼ l Rahm und 40 g Mehl versprudeln und in die Brühe einrühren, 5 Min. aufkochen lassen und anschließend die Brühe passieren.
Hühnerstücke wieder in die passierte Soße einlegen, Zitronensaft von einer halben Zitrone und ¼ l Schlagobers dazugeben.

Gutes Gelingen wünscht
Karlheinz Hackl

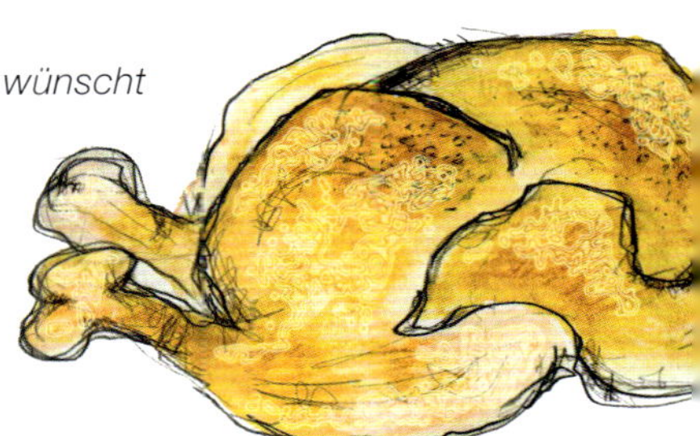

Putengeschnetzeltes mit Tomaten und Champignons

Zutaten:

½ kg Tomaten
¼ kg Champignons
½ kg Putenbrustfleisch
¼ l Schlagobers
80 g Butter
Salz, Pfeffer

So wird's gemacht:

Tomaten einritzen, kurz in kochendes Wasser geben und die Haut abziehen, würfelig schneiden. Putenfleisch in kleine Scheiben schneiden. Je 40 g Butter in zwei Pfannen erhitzen. In einer Pfanne Tomatenwürfel und Champignons anrösten. In der zweiten Pfanne die Fleischstreifen ganz kurz anbraten und dann zum Gemüse in der anderen Pfanne geben. Mit Salz und Pfeffer würzen. Zum Schluss Schlagobers unterrühren und 1 bis 2 Min. köcheln lassen. Dazu schmecken Reis oder Baguette.

Gutes Gelingen wünscht
Markus Forster, Waldviertel

Reisfleisch mit Huhn

Zutaten:

½ kg Reis (Rundkornreis für Risotto)
1 kg Hühnerfleisch, ausgelöst und
in kleine Würfel geschnitten
Zwiebeln
Paprikapulver
Tomatenmark
Salz, Pfeffer
Suppe zum Aufgießen

So wird's gemacht:

Zwiebeln glasig rösten, das Fleisch darin anbraten. Den Reis dazugeben und ebenfalls durchrösten, das Paprikapulver einrühren und mit so viel Suppe aufgießen, dass alles bedeckt ist. Anschließend Tomatenmark, Salz und Pfeffer dazugeben, den Reis auf kleiner Flamme unter ständigem Rühren einkochen lassen, bis er sämig ist. (Dabei immer wieder etwas Suppe aufgießen, damit der Reis nicht anbrennt.)

Dazu schmeckt Eisbergsalat.

Gutes Gelingen wünscht
Monika Pilsinger, Tulln

„Wir müssen unseren Teil der Verantwortung für das, was geschieht, und für das, was unterbleibt, aus der öffentlichen Hand in die eigenen Hände zurücknehmen."

Erich Kästner

Fischgerichte

Lachs mit Petersilkartoffeln

Zutaten:

4 Stk Lachs
Kräuter
8 große oder 12 kleine Kartoffeln
Butter
Petersilie

So wird's gemacht:

Lachs in einer Pfanne anbraten, salzen und mit Kräutern bestreuen.
Kartoffeln kochen, schälen und mit Butter und Petersilie in einer Pfanne bei geringer Hitze vermengen.

Mein Menüvorschlag:

Vorspeise: Salat mit Avocado (S. 45)
Dessert: Banoffee (S. 149)

Gutes Gelingen wünscht
Verena Mayr, Wien

Lachs-Gemüse-Strudel

Zutaten:

1 Pkg Blätterteig
1 Pkg Lachswürfel in Dillsoße fertig
1 Pkg Gemüsereis fertig
Fischgewürz
2 Eier

So wird's gemacht:

Die Lachswürfel aus der Packung nehmen, in ein Sieb geben und abtropfen lassen, die Soße aber auffangen!
Von der aufgefangenen Soße ¼ l entnehmen, mit Gemüsereis, den Lachswürfeln, dem Ei und dem Rahm vermischen. Die Mischung auf dem Teig in der Mitte auftragen, diesen von beiden Seiten zusammenklappen, mit verquirltem Ei bestreichen und nach Vorschrift backen. Mit der restlichen Soße und einem Salat servieren.

Mein Menüvorschlag:

Suppe: Brotsuppe mit Schnittlauch und Rahm (S. 20)
Dessert: Zwetschkenfleck (S. 179)

Gutes Gelingen wünscht
Christine Zubal, Wien

Thai Green Curry mit Shrimps

Zutaten:

Gemüse nach Vorhandensein
Mais (auch tiefgekühlt möglich)
Shrimps
Kokosmilch
Green Curry
Chili
1 EL Öl

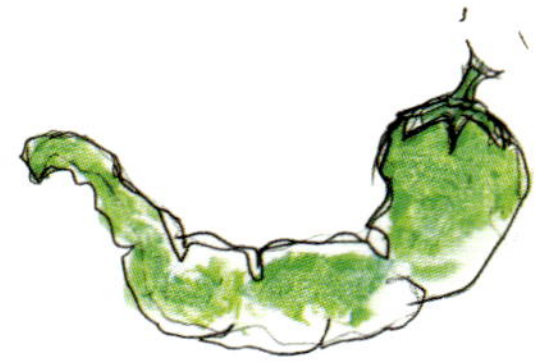

So wird's gemacht:

Gemüse und Mais in Öl anbraten, die Kokosmilch mit Curry, Chili und den Shrimps beimengen und weitere 5 Min. leicht köcheln lassen, abschmecken und servieren. Dazu passt Reis.

Mein Menüvorschlag:

Suppe: Zucchinicremesuppe (S. 37)
Dessert: Obstkuchen (S. 173)

Gutes Gelingen wünscht
Hilde Koch, Wien

„Gib einem Menschen einen Fisch – er hat einen Tag zu essen. Gib einem Menschen viele Fische – er hat viele Tage zu essen. Lehre ihn fischen – und er wird nie hungern."

Chinesisches Sprichwort

Pfanner
PREMIUM SINCE 1856
Multivitamin Fair
FAIRTRADE
1,0L
100% Orange Fair
FAIRTRADE
1,0L
Mango Fair
FAIRTRADE
Pfanner ist seit 2001 Partner von FAIRTRADE!
FAIRTRADE
Produkte mit dem FAIRTRADE-Siegel trinken heißt:
... und die Welt wird freundlicher.

Beilagen

Grießknödel

Zutaten:

40 g Butter
½ l Milch
150 g Grieß
1 Ei
2 bis 3 Schnitten Brot
1 Zwiebel
30 g Butter
Petersilie

So wird's gemacht:

Das Brot würfelig schneiden und anrösten. Die Zwiebel schneiden und ebenfalls rösten. Dann die Milch zum Kochen bringen, Butter und Salz dazugeben und den Grieß einrieseln lassen. In die überkühlte Masse das Ei, die Brotwürfel, die Zwiebeln und die Petersilie einrühren und ca. 10 Min. stehen lassen. Knödel formen und in kochendem Salzwasser ca. 10 Min. ziehen lassen. Zum Schluss mit brauner Butter begießen.

Gutes Gelingen wünscht
Annemarie Angermann, MMS

„Fünf Minuten Hilfe sind besser als zehn Minuten Mitleid."

Aus Armenien

Lebenice (Strohleim)

Lebenice ist ein einfaches, gut schmeckendes Essen, das sehr schnell zubereitet ist. Man kann es als Hauptspeise oder in kleinen Mengen zum Geselchten, zur Leberwurst oder Blutwurst als Beilage servieren.

Zutaten:

1 kg Kartoffeln
400 g Sauerkraut
1 Zwiebel
Zucker, Salz, Kümmel
Öl

So wird's gemacht:

Die geschälten, geviertelten Kartoffeln mit Kümmel in Salzwasser kochen. Inzwischen die kleingehackte Zwiebel in Öl rösten, das ausgedrückte Sauerkraut dazugeben und mit einer Prise Zucker abschmecken. Die weichgekochten Kartoffeln abseihen, zerdrücken und mit dem Kraut vermischen.

Die Zwiebel kann auch extra geröstet und zum Schluss untergemischt werden.

Mein Menüvorschlag:

Suppe: Böhmische Reissuppe (S. 20)
Dessert: Liwanzen (S. 160)

Gutes Gelingen wünscht
Hana Rigo, Neuhofen a.d. Krems

Semmelknödel

Zutaten:

250 g Semmelwürfel
½ Zwiebel
60 g Butter
ca. ⅜ l Milch (heiß!)
2 EL griffiges Mehl
2 Eier
1 EL Petersilie gehackt
Salz, Muskatnuss

So wird's gemacht:

Zwiebel kleinwürfelig schneiden und in Butter hell anrösten. Etwas Milch zu den 2 Eiern geben. Eier, Milch und Salz versprudeln. Restliche Milch zum Kochen bringen und über die Semmelwürfel gießen. Etwas abkühlen lassen und das Milch-Ei Gemisch gemeinsam mit den Zwiebeln unter die Semmelwürfel mischen. 2 EL Mehl und die gehackte Petersilie dazugeben. Semmelmasse mit den Händen gut durchkneten und fest zusammendrücken. Ca. eine ¾ Stunde lang rasten lassen. Anschließend Hände mit Wasser gut befeuchten und Knödel formen. In kochendes Salzwasser legen. Hitze reduzieren und in schwach wallendem Wasser ca. 10 bis 15 Min. kochen.

Wussten Sie....
... dass das Geheimnis für gelungene Semmelknödel in der Milch liegt? Achten Sie darauf, dass die verwendete Milch richtig heiß ist. Um sicherzugehen, dass sich die Knödel nicht zerkochen, empfiehlt es sich, einen Probeknödel vorzukochen. Sollte sich dieser zerkochen, dann geben Sie einfach noch mehr Mehl dazu.

Gutes Gelingen wünschen
Silvia Klauninger und Claudia Freitag, ANKER

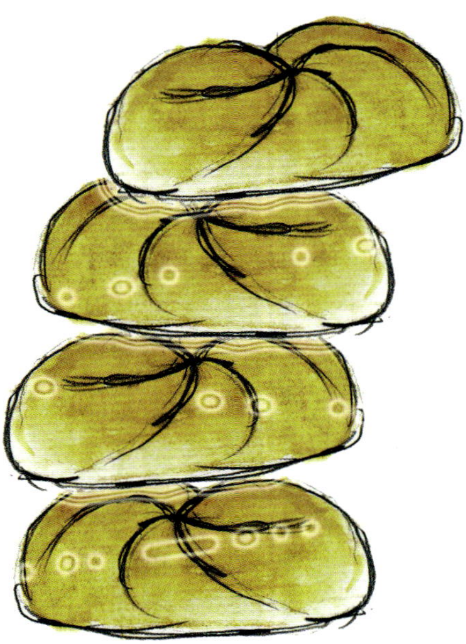

„Wir verlangen, das Leben müsse einen Sinn haben, aber es hat nur genau so viel Sinn, als wir selber ihm zu geben imstande sind."

Hermann Hesse

Ich mag's gern,
mit Leidenschaft
zu kochen!
ANKER
frisch!
DIE EINZIG WAHREN
SEMMEL
BRÖSEL
AUS
ORIGINAL
KAISER-
SEMMELN
400 g
Ich mag's gern
ANKER
frisch!

Speckbohnen

Zutaten:

1 Dose rote Bohnen (400 g)
1 Zwiebel
100 g Hamburgerspeck
2 Zehen Knoblauch
2 große Tomaten (oder 1 Dose)
2 EL Butter

So wird's gemacht:

Zwiebel und Knoblauch fein hacken, Speck in dünne Streifen schneiden. Die Butter erhitzen, Zwiebel und Knoblauch darin anschwitzen, anschließend den Speck mitrösten. Bohnen und grob geschnittene Tomaten beigeben, mit etwas Wasser aufgießen und ca. 20 Min. kochen.

Gutes Gelingen wünscht
Annemarie Angermann, MMS

Tiroler Knödel

Zutaten:

1 kg Vollkornsemmelwürfel
3 Eier
1 Prise Mehl
Salz, Pfeffer, Majoran, Knoblauchpulver
1 bis 2 große Zwiebeln
kochende Flüssigkeit (Suppe oder Milch)
Wurstreste

So wird's gemacht:

Zwiebeln klein schneiden und in ein wenig Fett anrösten, würfelig geschnittene Wurstreste dazugeben, mit Gewürzen gut abschmecken und mit dem Mehl unter die Semmelwürfel mengen. Mit kochender Flüssigkeit übergießen (dass eine feste Masse entsteht) und ziehen lassen.
In der Zwischenzeit Salzwasser zum Kochen bringen, aus der Masse Knödel formen und ca. 15 Min. ganz leicht kochen lassen.

Die Knödel können auch als Hauptgericht serviert werden. Dazu passen Salat, Sauerkraut oder Rotkraut.

Gutes Gelingen wünscht
Maria Leitner, Payerbach

„Das Gute, das der Mensch in dieser Welt schafft, ist sein wirklicher Reichtum."

Mohammed

Tiroler Schwarzbrotknödel

Zutaten:

½ kg Schwarzbrot
1 Zwiebel
etwas Milch und Mehl
3 Eier
1 bis 2 Knoblauchzehen
eventuell Petersilie

So wird's gemacht:

Das Brot in Würfel schneiden, mit Milch übergießen und einweichen lassen. Zwiebel fein hacken und in Butter anschwitzen. Anschließend das eingeweichte Brot mit den Zwiebeln, gepressten Knoblauchzehen, Eiern, Mehl, Petersilie und Gewürzen vermengen und aus der Masse gleichgroße Knödel formen. Im schwach kochenden Salzwasser ca. 15 Min. ziehen lassen.

Dazu passt Salat, als Dessert Obstsalat.

Gutes Gelingen wünscht
Angela Proksch, Wien

Topfenspätzle

Zutaten:

3 Schöpfer Mehl
⅛ kg magerer Topfen
2 Eier
1 TL Salz
Wasser

So wird's gemacht:

Alle Zutaten vermengen und so viel Wasser hinzufügen, bis ein dickflüssiger Teig entsteht. Salzwasser zum Kochen bringen und den Teig durch ein Spätzlesieb streichen.
Wenn die Spätzle an der Oberfläche schwimmen, abseihen und in Butter schwenken.

Gutes Gelingen wünscht
Susanne S., Klagenfurt

„Die Liebe ist das Wohlgefallen am Guten; das Gute ist der einzige Grund der Liebe. Lieben heißt: jemandem Gutes tun wollen."

Thomas von Aquin

Kleine Gerichte

2 Antipasti (Italienische Vorspeisen)

Bruschetta mit Kräutern:

4 Scheiben helles Landbrot
je ½ TL Oregano, Majoran und
Thymian (getrocknet)
1 Prise Chilipulver
Olivenöl

Brotscheiben kurz im vorgeheizten Backrohr bei 200° C (Oberhitze) oder in der Pfanne knusprig rösten. Kräuter und Chilipulver vermischen, auf den Brotscheiben verteilen und großzügig mit Olivenöl beträufeln.

Crostini mit Olivenpaste:

12 Scheiben Baguette
200 g schwarze Oliven
3 Stk Sardellenfilets aus der Dose
2 EL fein gehackte Kapern
3 fein gehackte Knoblauchzehen
1 TL Zitronensaft
Salz, Pfeffer, Olivenöl

Oliven entkernen, mit Sardellen, Kapern und Knoblauch im Mörser (oder mit dem Mixstab) zu einem Brei zerstampfen. Etwas Olivenöl daruntermischen, bis eine cremige Paste entsteht. Mit Zitronensaft, Salz und Pfeffer abschmecken. Das Brot im vorgeheizten Backrohr bei 200° C (Oberhitze) kurz rösten, Olivenpaste darauf verteilen und nochmals 1 Min. ins Rohr schieben. Rasch servieren!

Gutes Gelingen wünscht
Willi Hamburger

Gute Ideen brauchen Menschen, die an sie glauben und sich dafür einsetzen – jeder nach seinen Fähigkeiten. Die Idee, jenen zu helfen, die mitten in unserer Wohlstandsgesellschaft mit existenziellen Problemen kämpfen, verdient jede nur mögliche Unterstützung. Dass heute jeder Achte in Österreich an oder unter der Armutsgrenze leben muss, können wir nicht einfach hinnehmen, ohne etwas dagegen zu tun.
Unsere wirksamste Art zu helfen besteht darin, so vielen Menschen wie möglich von der SOMA-Idee zu erzählen und die Idee damit weiter zu stärken. Deswegen unterstützen wir die Initiativen von SOMA, indem wir unsere Zeit, unser Wissen und unser Können zur Verfügung stellen. Dieses Kochbuch zu gestalten hat uns viel Spaß gemacht. Wir hoffen, dass es vielen Menschen Freude bringt und dass es all jenen hilft, deren Leben dank SOMA ein bisschen leichter wird.

Willi Hamburger

Willi Hamburger
MMS Werbeagentur

Brotpizza

Zutaten:

ca. 12 Scheiben älteres Brot (nicht zu hart)
Tomatensoße
Käse
Pizzagewürze
Verschiedene Beläge nach Wahl

So wird's gemacht:

Ein Backblech mit Backpapier belegen, darauf die Brotscheiben eng aneinanderlegen und auf jede Brotscheibe einen Esslöffel Tomatensoße geben. Mit Pizzagewürzen würzen und nach Wahl belegen. Dann für ca. 10 bis 15 Min. bei 180° C im Backofen backen.

Gutes Gelingen wünscht
Julia, Wien

Essigwurst mit Tomaten

Zutaten:

Ca. 800 g Extrawurst oder Presswurst
2 Zwiebeln
2 Tomaten
Essig, Öl, Salz, Pfeffer
Wasser
je nach Geschmack Schwarz- oder Weißbrot

So wird's gemacht:

Wurst würfelig schneiden (ca. 0,5 cm x 0,5 cm), Zwiebeln fein ringförmig schneiden. Tomaten ebenfalls würfeln (0,5 cm x 0,5 cm), die Wurst mit den Zwiebeln vermischen, Wasser, Öl, Essig und Salz zugeben und dann die Tomaten untermischen. Das Brot als Zuspeise anbieten.

Mein Menüvorschlag:

Suppe: Würzige Gemüsesuppe (S. 37)
Dessert: Gebackene Bananen (S. 156)

Gutes Gelingen wünscht
Leo Mühlehner, Linz

„Bewältige eine Schwierigkeit und Du hältst hundert andere von Dir fern."

Konfuzius

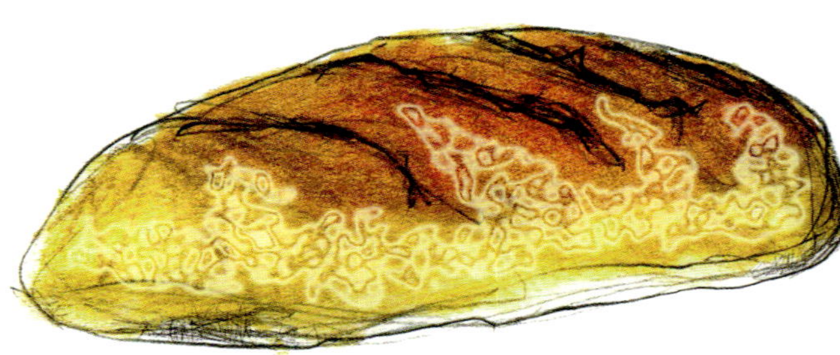

Gefülltes Brot

Zutaten:

1 Laib Brot oder Wecken
2 Zwiebeln
Wurstreste oder Faschiertes
eventuell Paprika oder frische Kräuter
1 bis 2 Eier (oder Ei-Aufstrich)
1 bis 2 EL Senf
Salz
Pfeffer, wenn gewünscht

So wird's gemacht:

Vom Brotlaib einen „Deckel“ abschneiden und den Laib dann bis auf einen schmalen Rand aushöhlen. Die Hälfte der Brotkrumen in Wasser oder Milch anfeuchten. Inzwischen Zwiebeln in wenig Fett anrösten, Faschiertes oder kleingeschnittene Wurstreste dazugeben, mitbraten. Brotkrumen mit Eiern, Senf und Gewürzen vermischen, verkneten und mit der Wurst/dem Faschierten vermengen. Alles in die Brothülle füllen und den Deckel daraufgeben. Das Brot in Alufolie wickeln und eine ¾ Std. bei 200° bis 220° C backen. Mit einer Soße servieren.

Gutes Gelingen wünscht
Maria Dobler, Linz

Mayonnaise-Eier

Zutaten:

4 bis 5 Eier
Salz
Mayonnaise
Paprika
Muskat
Petersilie

So wird's gemacht:

Eier hartkochen, abschrecken, schälen und halbieren. Die Dotter herausnehmen, passieren, mit Salz und Mayonnaise verrühren und in die Eihälften einspritzen. Mit Paprika, Schnittlauch oder Muskat verzieren.

Mein Menüvorschlag:

Hauptgericht: Rindsgulasch mit Nockerl (S. 113)
Dessert: Milchreis (S. 143)

Gutes Gelingen wünscht
Christa Aktas, Wien

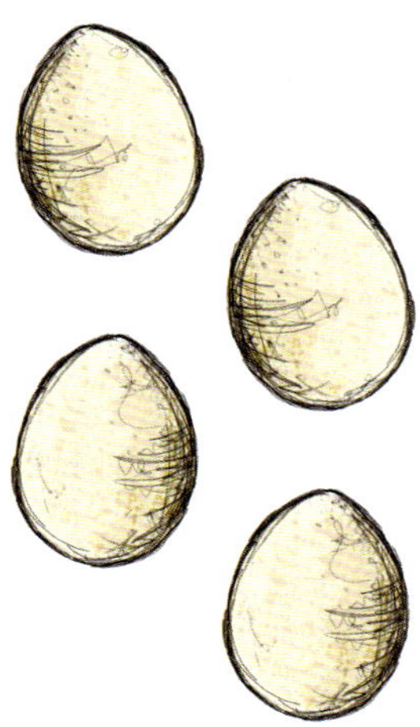

Mexikanische Eier (Huevos Mexicanos)

Zutaten:

4 bis 6 Eier
2 große Tomaten
2 kleine Zwiebeln
3 bis 4 Zehen Knoblauch
1 Chilischote
Salz, Pfeffer

So wird's gemacht:

Die Zwiebeln und den Knoblauch kleinhacken und in etwas Öl anschwitzen. Die Tomaten in kleine Würfel schneiden, dazugeben und ein paar Min. mitbraten. Von der Chilischote ein kleines Stück abschneiden und in feine Streifen schneiden, ebenfalls kurz mitrösten. Die Eier in einer Schüssel mit etwas Milch schaumig schlagen, salzen und pfeffern und über das Gemüse gießen. Wenn die Eier zu stocken beginnen, mit einer Gabel durchrühren.
Wer es besonders scharf mag, kann noch mit geriebenen trockenen Chilischoten nachwürzen. Dazu passt Weißbrot und Guacamole.

Gutes Gelingen wünscht
Judith Pouget, MMS

Omelette nach Frühlingsart

Zutaten:

8 Eier
1 kleiner Karfiol
Wurzelwerk
1 kleine Zucchini
geriebener Käse
4 EL Rahm
Butter
Salz
Weißbrot

So wird's gemacht:

Das Wurzelwerk, Karfiol und Zucchini klein schneiden, waschen und weichkochen.
Die Eier mit Salz und Rahm (oder Obers) verrühren. Butter in der Pfanne anschäumen und Gemüse beigeben, die Eimasse hinzufügen, leicht stocken lassen, mit geriebenem Käse zu einer Omelette zusammenschlagen und Farbe nehmen lassen.

Gutes Gelingen wünscht
Manuela Kapun, Tulln

„Wer nur darüber nachdenkt, was er gewinnen und sich leisten kann, ist ein Teil des Problems. Wer die Verpflichtung fühlt, zu geben und zu helfen, ist ein Teil der Lösung."

Roger Hull

Pfannkuchen

Zutaten:

1 Ei
3 EL Butter, zerlassen
150 ml Buttermilch
150 g Mehl
1 TL Backpulver
1 Messerspitze Natron
3 EL Zucker
1 Prise Salz
Butterschmalz zum Ausbacken
Ahornsirup (oder Fruchtsirup)

So wird's gemacht:

Ei, Butter und Buttermilch verrühren. Mehl, Backpulver, Natron, Zucker und Salz vermischen und hinzugeben, alles zu einem glatten Teig rühren. Im heißen Fett kleine Pfannkuchen backen, mit Ahornsirup und Butter servieren.

Gutes Gelingen wünscht
Annemarie Angermann, MMS

„Ein langer Weg beginnt
mit dem ersten Schritt."

Laotse

Polentaschnitten

Zutaten:

1 Tasse Polentagrieß
2 Eier
100 g Butter
150 g geriebener Hartkäse
3 bis 4 Tomaten
100 g schwarze Oliven
frisches Basilikum (wenn vorhanden)
Salz, Pfeffer
etwas Öl

So wird's gemacht:

Den Polentagrieß in kochendes Salzwasser einrieseln lassen, kurz aufkochen, bis er fest wird, vom Herd nehmen und auskühlen lassen.
Tomaten in Scheiben schneiden, Oliven entkernen und halbieren, Käse grob raspeln.
Aus Butter und Eiern, Salz und Pfeffer einen Abtrieb machen und mit der ausgekühlten Polenta vermischen. Die Masse auf ein gefettetes und bemehltes Blech streichen, mit den Tomaten und Oliven belegen, Käse darüberstreuen und im Rohr bei 175° C etwa eine halbe Stunde backen.
Die Polenta in Stücke schneiden, mit Basilikumblättern (falls vorhanden) garnieren und servieren.
Dazu passt gemischter Salat.

Gutes Gelingen wünscht
Michael Hackl, MMS

Saures Dreierlei

Zutaten:

1 Zwiebel
3 verschiedene Fleisch- bzw. Wurstsorten (Knacker, Extrawurst, Schinkenwurst, kalter Braten, Rindfleisch, Hühnerfleisch, Stelze etc.)
Essig, Öl, Salz, Pfeffer
2 gekochte Eier
Gurkerl oder Sauergemüse nach Belieben

So wird's gemacht:

Alle Zutaten blättrig schneiden und auf einem Teller anrichten (nicht untereinander mischen), mit ½ Ei oder Sauergemüse nach Belieben garnieren. Abschmecken mit einer Vinaigrette aus Essig, Öl, Salz und Pfeffer. Mit Brot oder Gebäck servieren.

Gutes Gelingen wünscht
Wolfgang Larch, MMS

Tramezzini

Zutaten:

4 hartgekochte Eier
italienische Kräuter
1 Pkg Tramezzini oder entrindetes Toastbrot
einige Salatblätter
1 Pkg Tramezzini-Aufstrich „Tiroler"
1 Pkg Tramezzini-Aufstrich „Ei & Schnittlauch"
Tomaten
Paprika
Mayonnaise

So wird's gemacht:

Je 2 Schnitten Tramezzini mit Aufstrich oder Mayonnaise bestreichen, mit Salat belegen. In Scheiben geschnittene Tomaten sowie Eierscheiben daraufschichten. Mit Oregano, Majoran und Thymian bestreuen, zusammenklappen, diagonal durchschneiden und servieren.

Mein Menüvorschlag:

Hauptgericht: Letscho (S. 66)
Dessert: Fruchtsalat

Gutes Gelingen wünscht
Christine Zubal, Wien

„Viele kleine Leute in vielen kleinen Orten, die viele kleine Dinge tun, können das Gesicht der Welt verändern."

Spruchweisheit der Mandika, Afrika

Überraschungskugeln

Zutaten:

300 g Brot grob gehackt
75 g Butter
200 g Schinken
400 g Frischkäse
20 g grobkörniger Senf

So wird's gemacht:

Gehacktes Brot in der Butter rösten. Schinkenstückchen mit dem Frischkäse, der Butter und dem Senf zu einer Masse vermengen. Daraus ca. 30 Kugeln formen und diese im Brot wenden.

Gutes Gelingen wünscht
Julia, Wien

Vinzikartoffeln

Zutaten:

1.200 g Kartoffeln
1 Pkg Knorr Country Grillpfanne
2 Paar Frankfurter
frische Petersilie
2 Köpfe grüner Salat
geriebener Käse

So wird's gemacht:

Kartoffeln waschen, kochen, in Würfel schneiden. Knorr Basis Country Grillpfanne öffnen, das Öl in eine Pfanne geben und erhitzen. Die Wurst anrösten und die Kartoffeln zum Rösten dazugeben. Wenn die Kartoffeln und die Wurst leicht gebräunt sind, den Rest der Country Pfanne und die gehackte Petersilie dazugeben. Ca. 5 Min. ziehen lassen, mit Käse bestreuen und mit grünem Salat servieren.

Als Dessert schmeckt Topfen-Joghurtcreme mit Bananen (S. 165).

Gutes Gelingen wünscht
Ernestine R., Graz

„Wir sind nicht nur verantwortlich für das, was wir tun, sondern auch für das, was wir nicht tun."

J. B. Moliere

Süße Speisen

Apfelstrudel

Zutaten:

Strudelteig
1 ½ kg Äpfel
150 g Zucker
100 g Brösel
etwas Öl
Zimt
Zitronenschale gerieben
50 g geriebene Nüsse (nach Wunsch)

So wird's gemacht:

Den Strudelteig mit Öl bestreichen, die Brösel darüberstreuen und geschnittene Äpfel darauf verteilen. Mit Zucker und Zimt bestreuen und die Schale einer halben Zitrone darüberreiben. Die Nüsse darüberstreuen und den Teig möglichst eng einrollen. Den Strudel auf ein eingefettetes Blech legen, mit Öl bestreichen und ca. eine ¾ Stunde bei mittlerer Hitze backen.

Mein Menüvorschlag:

Suppe: Minestrone (S. 32)
Hauptgericht: Soja-Gulasch (S. 93)

Gutes Gelingen wünscht
Olena Surmach, Wien

„Glücklich ist, wer von sich sagen kann: Ich habe eine Träne getrocknet."

Johann Wolfgang von Goethe

Kaiserschmarrn

Zutaten:

3 Eier
½ l Milch
1 TL Zucker
1 Prise Salz
350 g Mehl (griffig)
eventuell 1 EL Rosinen
1 Schuss Mineralwasser mit Kohlensäure
30 g Butter oder Margarine
Staubzucker

So wird's gemacht:

Eigelb vom Eiklar trennen. Die Milch mit dem Eigelb, Zucker und Salz in einer Schüssel mit dem Schneebesen schlagen. Das Mehl unter ständigem Rühren einstreuen, bis die Masse etwas dick ist. Rosinen (wenn erwünscht) einrühren. Den Schuss Mineralwasser einrühren. Das Eiklar zum steifen Schnee schlagen und vorsichtig unter die Masse heben.
Butter oder Margarine in einer Pfanne schmelzen und die Masse hineingeben. Bei mittlerer Hitze an der Unterseite fest werden lassen. Mit einem Kochlöffel oder einem Pfannenwender teilen, umdrehen und mit zwei Gabeln zerreißen. Nun den Schmarrn immer wieder vorsichtig umdrehen, bis er fertig ist. Mit Staubzucker bestreuen und servieren.

Dazu passt Apfelkompott, Kirschkompott oder Fruchtsaft.

Gutes Gelingen wünscht
Zivorad Radonjic, Wien

Kipferlschmarrn

Zutaten:

6 bis 8 Kipferl
ca. ⅜ l Milch
2 Eier
40 g Zucker
Salz
(Rosinen)
Zitronenschalen
Zimt
Butter zum Rösten
Zucker zum Bestreuen

So wird's gemacht:

Milch, Salz, Eier und Zucker versprudeln, über die blättrig geschnittenen Kipferl gießen und einziehen lassen. Danach den Schmarrn in heißer Butter (am Herd oder im Rohr) backen.
Als Beilage passt Kompott.

Gutes Gelingen wünscht
Gertrude Scherz, Dunkelstein

Kirschpfanne mit Vanille-Soße

Zutaten:

9 altbackene Semmeln
3 Eier
¾ l Milch
9 EL Zucker
2 Pkg Vanillepudding
1 ½ l Milch
1 ½ kg (oder 1 Glas) Kirschen

So wird's gemacht:

Semmeln in dünne Scheiben schneiden.
Milch erwärmen, mit Zucker, Ei und Vanillezucker versprudeln, über die Semmeln gießen und ca. ½ Stunde ziehen lassen.
Kirschen abtropfen lassen, unter die Masse heben, alles in eine feuerfeste, gefettete Glasform geben und bei 200° C 40 bis 45 Min. überbacken.
Vanillepudding nach Packungsanleitung mit 1 ½ l Milch als Vanille-Soße zubereiten.

Statt Kirschen sind auch Äpfel sehr lecker, dann mit Zucker und Zimt bestreuen.

Gutes Gelingen!

„Eines Menschen Heimat ist auf keiner Landkarte zu finden, nur in den Herzen der Menschen, die ihn lieben."

Margot Bickel

Melkermuas

Zutaten:

100 g Rama
150 g griffiges Mehl
½ l Milch
1 EL Rama zum Braten
Zwetschken-, Marillen- oder Weichselkompott
Staubzucker
1 Prise Salz

So wird's gemacht:

Zuerst 100 g Rama in einer Pfanne schmelzen lassen, das Mehl mit einer Prise Salz einrühren, mit der Milch aufgießen, aufkochen lassen, zu einem glatten Teig rühren.
In einer zweiten Pfanne 1 EL Rama schmelzen, Teig zufügen und unter fortwährendem Rütteln goldbraun braten, wenden und auch diese Seite goldbraun braten. Den fertigen Fladen zerreißen, mit Staubzucker bestreuen und in der Pfanne servieren. Kompott dazu reichen.

Mein Menüvorschlag „Hungriger Holzknecht":

Suppe: Knoblauchsuppe (S. 28)
Hauptgericht: Thüringer Zampen (S. 69)

Gutes Gelingen wünscht
Sylvia El-Khoury, Mödling

Milchreis

Zutaten:

200 g Reis
1 ½ l Milch
Prise Salz
50 g Zucker
Butter

So wird's gemacht:

Den Reis waschen und in siedender Milch kochen, bis er weich ist; dann salzen, 50 g Zucker und 30 bis 40 g Butter einrühren.
Den Milchreis kann man mit Zucker und Zimt oder mit süßen Soßen servieren.

Mein Menüvorschlag:

Vorspeise: Mayonnaise-Eier (S. 135)
Hauptgericht: Rindsgulasch mit Nockerl (S. 113)

Gutes Gelingen wünscht
Christa Aktas, Wien

„Fühle mit allem Leid der Welt, aber richte deine Kräfte nicht dorthin, wo du machtlos bist, sondern zum Nächsten, dem du helfen, den du lieben und erfreuen kannst."

Hermann Hesse

Salzburger Nockerl

Zutaten:

40 g Butter
60 g Staubzucker
3 Eier
10 g Mehl
⅛ l Milch
Vanille

So wird's gemacht:

Butter, Zucker und Eidotter schaumig rühren, Eiweiß zu Schnee schlagen und mit Mehl in die Butter-Ei-Masse einrühren. Eine Backform halb mit kochender Milch (abgeschmeckt mit Vanille) füllen. Aus dem Teig 3 große Nockerl in die Milch setzen, Staubzucker darüberstreuen und im heißen Rohr 5 Min. goldfarben backen.

Gutes Gelingen wünscht
Manuela Kapun, Tulln

Scheiterhaufen

Zutaten:

1 kg altes Weißbrot
3 Äpfel
3 Birnen
¼ kg Zwetschken
¼ l Milch
1 Ei
2 EL Zucker
Vanillezucker
Zimt

So wird's gemacht:

Altes Weißbrot in Scheiben schneiden und abwechselnd mit Obst (Äpfeln, Birnen und Zwetschken) in eine Auflaufform schichten.
Milch und Ei mit Zucker, Vanillezucker und Zimt verrühren und die Brot-Obst Schichten damit übergießen. Ca. 20 bis 30 Min. bei 158° C überbacken.

Gutes Gelingen wünscht
Brigitta Kratochvil, Stockerau

„Es ist nicht genug zu wissen,
man muss es auch anwenden.
Es ist nicht genug zu wollen,
man muss es auch tun."

Johann Wolfgang von Goethe

Zwetschkenknödel

Zutaten:

250 g Topfen
Salz
1 Ei
50 g Grieß
50 g Brösel

½ kg Zwetschken
150 g Butter
100 g Brösel
Zucker zum Bestreuen

So wird's gemacht:

Die Zutaten rasch zu einem Teig vermengen. Den Teig zu einer Rolle formen, davon Scheiben abschneiden und etwas auseinanderdrücken. Auf je eine Teigscheibe eine Zwetschke legen und einen Knödel formen.
Die Knödel 10 Min. in Salzwasser kochen, vorsichtig herausnehmen, in gerösteten Bröseln wälzen und mit Zucker bestreuen.

Gutes Gelingen wünscht
Gertrude Scherz, Dunkelstein

Zwetschkenknödel nach Omas Rezept

Zutaten:

¼ kg Magertopfen
2 Eigelb
Salz
20 ml lauwarme Milch
400 g Mehl
½ kg Zwetschken
Würfelzucker
Butter und Mohn

So wird's gemacht:

Topfen, Eigelb, Milch und Salz vermischen und mit Mehl zu einem Teig verrühren, ca. 1 Stunde ruhen lassen. Zwetschken oder anderes Obst entkernen, mit Würfelzucker füllen und mit dem Teig zu einem Knödel formen, die Knödel in kochendem Salzwasser langsam kochen.
Inzwischen Butter mit Mohn erhitzen und damit die gekochten Knödel übergießen.

Mein Menüvorschlag:

Suppe: Eingetröpfelte Suppe (S. 21)
Hauptgericht: Sauerkrautpuffer (S. 89)

Gutes Gelingen wünscht
Gabriele Kapun, Tulln

„Die Liebe allein versteht das Geheimnis, andere zu beschenken und dabei selbst reich zu werden."

Clemens von Brentano

Nachspeisen

Apfelcreme

Zutaten:

½ kg Äpfel
1 Zitrone
1 Banane
100 g Staubzucker
¼ l Schlagobers

So wird's gemacht:

Äpfel schälen, vierteln, in wenig Zitronenwasser weichdünsten und auskühlen lassen. Die Äpfel passieren und die zerdrückte Banane mit Staubzucker und dem geschlagenen Schlagobers daruntermischen. Die Creme mit Schlagobers und Bananenscheiben verzieren.

Mein Menüvorschlag:

Vorspeise: Gefüllte Paradeiser (S. 63)
Hauptgericht: Faschierter Braten (S. 109)

Gutes Gelingen wünscht
Christa Aktas, Wien

Apfel-Bananen-Mus

Zutaten:

150 g reife Bananen
200 g Äpfel (2 Stk)
40 g Mandeln
Zitronensaft
Delifrut*

So wird's gemacht:

Die sehr reife Banane mit einer Gabel zerdrücken. Äpfel fein reiben, eventuell mit Honig oder honiggesüßtem Sanddornmus abschmecken und geriebene Mandeln unterziehen.

Gutes Gelingen wünscht
Christian Greindl, Linz

* süße Gewürzmischung

„Toleranz sollte eigentlich nur eine vorübergehende Gesinnung sein; sie muss zur Anerkennung führen. Dulden heißt beleidigen."

Johann Wolfgang von Goethe

Apfelmus-Knuspermüsli-Dessert

Zutaten:

1 Pkg (400 g) Nuss-Knuspermüsli
1 Dose (ca. 880 g) Apfelmus mit Zucker
2 (250 g) Becher Früchtejoghurt
10 g Vanillezucker
½ l Milch
2 Äpfel
4 Kirschen oder halbe Walnüsse

So wird's gemacht:

Die Äpfel samt Schale in Stücke schneiden und mit dem Nuss-Knuspermüsli vermengen.
4 gleichgroße Portionen davon in Dessert-Schalen füllen, den ½ l Milch auf die Schalen aufteilen, sodass das Müsli etwas aufgeweicht wird. Den Rand zentimeterdick mit Apfelmus auffüllen, in die Mitte das Früchtejoghurt gießen. Zuletzt in die Mitte eine Kirsche oder Walnuss einsetzen und eventuell mit Vanillezucker bestreuen.

Gutes Gelingen wünscht
Horst Bäcker, Linz

Arme Ritter

Zutaten:

4 Scheiben Toastbrot oder alter „Striezel"
1 Ei
¼ l Milch
Butter oder Öl
Zucker und Zimt

So wird's gemacht:

Eier mit der Milch versprudeln. Die Toastbrotscheiben gut darin einweichen lassen. Währenddessen Butter oder Öl in einer Pfanne erhitzen. Toastbrotscheiben im Fett goldbraun braten, bis sie von beiden Seiten knusprig sind. Noch heiß mit Zucker und Zimt bestreuen und warm servieren.

Mein Menüvorschlag:

Suppe: Panadlsuppe (S. 33)
Hauptgericht: Gnocchi mit Gorgonzola-Soße (S. 78)

Gutes Gelingen wünscht
Angela Proksch, Wien

„Nicht vom Geben, sondern vom Behalten werden wir krank."

Antoine de Saint-Exupéry

Bananenkaltschale

Zutaten:

50 g Haferflocken
3 EL Zucker
1 Pkg Vanillezucker
Zitronensaft
1 EL Rama
1 EL Benco
250 g Topfen
3 Bananen
1 EL Honig

So wird's gemacht:

Topfen mit 2 EL Zucker, Vanillezucker und etwas Zitronensaft abrühren, 2 Bananen mit der Gabel zerdrücken und daruntermengen.
1 EL Rama mit 1 TL Zucker und den Haferflocken in der Pfanne leicht anbräunen, auskühlen lassen. Topfen auf Dessertschüsseln aufteilen, mit der in Scheiben geschnittenen Banane garnieren, Haferflocken darübergeben, mit Benco bestreuen und Honigfäden über die Oberfläche ziehen.

Gutes Gelingen wünscht
Sylvia El-Khoury, Mödling

Banoffee

Zutaten:

10 bis 12 trockene Kekse
gesüßte Kondensmilch (aus der Dose)
2 Bananen
5 bis 6 EL Erdnussbutter
1 Becher Schlagobers
Erdnüsse

So wird's gemacht:

Die Kekse zerkleinern und mit geschmolzener Erdnussbutter vermengen.
Kondensmilch 3 Stunden lang in einem Topf kochen, das ergibt Toffee.
Die Bananen würfeln und die Erdnüsse zerkleinern.

Alle drei Massen nacheinander in Dessertgläser schichten, zum Schluss Schlagobers daraufgeben, mit Erdnusskrümeln bestreuen und für 1 Stunde in den Kühlschrank stellen.

Mein Menüvorschlag:

Vorspeise: Salat mit Avocado (S. 45)
Hauptgericht: Lachs mit Petersilkartoffeln (S. 123)

Gutes Gelingen wünscht
Verena Mayr, Wien

Biskottenpudding

Zutaten:

Biskotten
Pudding (Vanille, Schokolade oder Erdbeere)
Früchte nach Saison

So wird's gemacht:

Die Biskotten in eine Schüssel geben, den Pudding darübergießen und die Schüssel in den Kühlschrank stellen, bis der Pudding einzieht. Danach Fruchtsirup oder frische Früchte (je nach Saison) darauflegen und servieren.

Gutes Gelingen wünscht
Viola Steffel, Wien

Blaubeersulz

Zutaten:

4 Becher Heidelbeerjoghurt
1 Pkg Vanillezucker
10 Blatt Gelatine
falls vorhanden: etwas Schlagschaum

So wird's gemacht:

Joghurt mit Vanillezucker verrühren, Gelatine in Wasser auflösen (laut Angabe) und überkühlt unter das Joghurt rühren. In ausgespülte Dessertschalen füllen und 2 Stunden kaltstellen. Auf kleine Teller stürzen, eventuell mit einem Klecks Schlagschaum verzieren und servieren.

Tipp: Falscher Schlagrahm

¼ l Wasser, in dem man ohne Salz
Bohnen gekocht hat
2 EL Mehl
2 EL Zucker

Wenn man Bohnen kocht, das Wasser nicht wegschütten, sondern über Nacht stehen lassen, damit es geliert. Am nächsten Tag Bohnenwasser zum Kochen bringen, Mehl einrühren und süßen. Erkalten lassen und dann steif schlagen!

Mein Menüvorschlag „Stoasteirisch":

Hauptgericht: Grundberne Straubm (S. 80)
Salat: Boahnl- oder Boahscharlsalat (S. 39)

Gutes Gelingen wünscht
Sylvia El-Khoury, Mödling

Dreammasters Apfel-Zimt-Reis mit Erdbeer-Soße

Zutaten:

Für den Apfel-Zimt-Reis:
250 g Naturreis
1 l Wasser
¼ l Milch
1 EL Bienenhonig
2 Äpfel
100 g gehackte Walnüsse
100 g Rosinen
Salz, Zimt, Kardamom
Gewürznelken, Muskatnuss

Für die Erdbeersoße:
250 bis 350 g Erdbeeren
3 EL Staubzucker
Zitronenschale
eventuell eine Messerspitze Tortengelee

So wird's gemacht:

Apfel-Zimt-Reis:
Naturreis ca. 15 Min. im siedenden Wasser aufgehen lassen, zumindest so lange, bis alles Wasser verdunstet bzw. aufgesogen ist. Nach den ersten 7 bis 10 Min. bereits geschnittene Äpfel, Rosinen und Walnüsse sowie Gewürze nach Belieben zugeben und mitköcheln lassen. Wenn der Reis bissfest ist, die Milch, den Honig, eine Prise Salz und das Zimtpulver hineinrühren.

Erdbeersoße:
Erdbeeren waschen, putzen und mit dem Stabmixer pürieren (oder mit einer Gabel zerdrücken). Zucker und geriebene Zitronenschale oder auch einen Schuss Zitronensaft hinzugeben, kurz aufkochen, dann abkühlen lassen. Sollte die Soße zu dünnflüssig sein, kann ein wenig Tortengelee mitgekocht werden.

Gutes Gelingen wünscht
Horst Bäcker, Linz

„Mache, dass ich danach trachte zu trösten, statt getröstet zu werden, zu verstehen, statt verstanden zu werden, zu lieben, statt geliebt zu werden. Denn wir können nur empfangen, wenn wir geben."

Franz von Assisi

Erdbeer-Eis

Zutaten:

100 g gut gekühltes Obers
1 TL Vanillezucker
2 TL ungesalzene Pistazienkerne
200 g Tiefkühl-Erdbeeren
100 g gut gekühltes Joghurt (1,5% Fett)
2 EL Magermilchpulver
1 EL Zitronensaft

So wird's gemacht:

Das Obers mit dem Vanillezucker steifschlagen und kaltstellen. Die Pistazienkerne grob hacken. Die nicht aufgetauten Erdbeeren mit dem Joghurt, dem Milchpulver und dem Zitronensaft ganz kurz mit dem Mixer oder Pürierstab zerkleinern. Das Obers unter die Beeren-Joghurt-Masse heben. Das Eis in Gläser füllen. Mit Pistazien bestreuen und sofort servieren.

Gutes Gelingen wünscht
Astrid Merlin, St. Veit

Erdbeer-Tiramisu

Zutaten:

1 Vanilleschote
500 g Mascarpone
125 g Crème Fraiche
100 g Staubzucker
150 g Erdbeeren
100 g Biskotten
2 EL Kakao
Erdbeeren zum Garnieren
1 Tasse Kaffee

So wird's gemacht:

Vanilleschote längs halbieren und das Mark herauslösen. Mascarpone mit Crème Fraiche, Staubzucker und Vanillemark glattrühren.
Erdbeeren waschen, putzen und in Scheiben schneiden.
50 g Biskotten in Kaffee tauchen und in eine tiefe Form (ca. 20 x15 cm) legen. Mit einem Viertel der Mascarponecreme bestreichen und die Hälfte der Erdbeerscheiben darauf verteilen. Mit dem nächsten Viertel der Mascarponecreme bestreichen. Restliche in Kaffee getauchte Biskotten darauf verteilen. Mit einem weiteren Viertel der Mascarponecreme und Erdbeerscheiben abschließen. Restliche Creme auf der Oberfläche verteilen und glattstreichen. Im Kühlschrank ca. 3 Stunden lang festwerden lassen. Vor dem Servieren das Tiramisu mit Kakaopulver bestäuben und in Stücke schneiden. Mit einigen Erdbeeren auf Tellern anrichten und servieren.

Gutes Gelingen wünscht
Markus Forster, Waldviertel

Frischkäsebällchen in Orangenjoghurt

Zutaten:

½ l Joghurt Natur
125 g Hüttenkäse Natur
1 l Milch
2 Orangen
½ Zitrone
Zucker
Rosinen

So wird's gemacht:

Für den Frischkäse die Milch unter ständigem Umrühren vorsichtig aufkochen, den Saft einer halben Zitrone (bleibt von der Melonensuppe, S. 32, übrig) hineinpressen und weiterköcheln, bis sie gestockt ist. Die gestockte Milch durch ein sauberes Geschirrtuch pressen (die entstandene Molke fürs Hauptgericht verwenden – siehe „Gegrilltes Gemüse mit Naturreis Spezial", S. 75), den Käse gepresst im Tuch kalt ruhen lassen.
Orangen schälen und in Würfel schneiden, Joghurt, Hüttenkäse und Zucker dazugeben und abschmecken.
Den Frischkäse mit Zucker und Rosinen verkneten und Kugeln formen, in einer Schale die Kugeln auf dem Orangenjoghurt anrichten.

Mein Menüvorschlag:

Suppe: Melonensuppe mit Ingwer (S. 32)
Hauptgericht: Gegrilltes Gemüse mit Naturreis spezial (S. 75)

Gutes Gelingen wünscht
Björn Draganov, Oberwart

Frozen Mint-Chocolate

Zutaten:

8 Rippen Schokolade
1 l Milch
1 Handvoll Pfefferminzblätter
2 TL Kakao
eventuell 4 Eiswaffeln

So wird's gemacht:

Minzblätter grob schneiden und mit Milch in einem Topf 3 Stunden lang ziehen lassen.
Die Blätter abseihen, Milch erhitzen, Schokolade in die Milch einrühren und schmelzen, Kakao beifügen.
Das Ganze in einer Schüssel ca. 2 Stunden tiefkühlen lassen, aber öfter umrühren. Die halbgefrorene Masse in Gläser füllen und nach Belieben mit Eiswaffeln dekorieren.

Mein Menüvorschlag:

Suppe: Andalusische Paradeissuppe (S. 17)
Hauptgericht: Schwammerl-Strudel (S. 91)

Gutes Gelingen wünscht
Sylvia El-Khoury, Mödling

„Die Summe unseres Lebens sind die Stunden, in denen wir liebten."

Wilhelm Busch

Frucht-Joghurt-Dessert mit Zimtaroma

Zutaten:

1 große Dose Fruchtsalat oder Ananas
1 Vanillejoghurt
Zimt

So wird's gemacht:

Saft von den Früchten abgießen (auffangen!), das Vanillejoghurt mit etwas Zimt verrühren und in Dessertschalen verteilen, die abgetropften Früchte darüber geben. ½ Stunde in den Kühlschrank stellen und servieren.

Tipp:
Aus dem abgegossenen Saft kann man unter Zugabe von Himbeer- oder Pfirsichsirup noch eine schmackhafte Limonade machen, eventuell mit Mineralwasser aufspritzen!

Gutes Gelingen wünscht
Sylvia El-Khoury, Mödling

Früchtebecher

Zutaten:

2 Becher Erdbeerjoghurt
2 Becher Schlagobers
1 bis 2 Bananen
1 Pfirsich
5 bis 6 Erdbeeren
1 bis 2 TL Vanillezucker
Vanillepudding

So wird's gemacht:

Erdbeerjoghurt mit Schlagobers vermischen, für 1 bis 2 Stunden kaltstellen und dann schockgefrieren.
Bananen, Pfirsiche und Erdbeeren schneiden und mit Vanillezucker bestreuen, im Tiefkühlfach für ca. 20 bis 30 Min. ziehen lassen.
Währenddessen Vanillepudding zubereiten und ebenfalls für 20 bis 30 Min. kaltstellen.
In die Eisbecher abwechselnd aus Erdbeerjoghurt, Vanillepudding und Früchten 5 Schichten füllen und mit Schlagobers verzieren.

Gutes Gelingen wünscht
Arabella Theyrer, Wien

„Wer das Wohlergehen anderer über sein eigenes stellt, erschließt sich eine unerschöpfliche Quelle von Mut und Entschlossenheit."

Dalai Lama

Fruchtzwerg am See

Zutaten:

6 Fruchtzwerge
Beliebiges Obst
⅛ l Schlagobers
Schokoladesoße

So wird's gemacht:

Fruchtzwerge einfrieren. Beliebiges Obst pürieren und auf einem Teller verteilen. Den gefrorenen Fruchtzwerg auf einen Teller stellen und etwas Schlagobers und Schokoladesoße darübergießen.

Gutes Gelingen wünscht
Christian Falzberger, Stockerau

Gebackene Bananen

Zutaten:

4 Bananen
ca. 100 g Staubzucker oder Honig
ca. 0,3 l Pflanzenöl
ca. 0,5 l Omeletteteig

So wird's gemacht:

Bananen schälen und vierteln, je 2 Bananenstücke im Teig drehen und wenden, dann in heißem Pflanzenöl goldbraun backen. Vor dem Servieren mit Honig oder Staubzucker überziehen.

Mein Menüvorschlag:

Suppe: Würzige Gemüsesuppe (S. 37)
Hauptgericht: Essigwurst mit Tomaten (S. 134)

Gutes Gelingen wünscht
Leo Mühlehner, Linz

„Das größte Übel, das wir unseren Mitmenschen antun können, ist nicht, sie zu hassen, sondern ihnen gegenüber gleichgültig zu sein. Das ist absolute Unmenschlichkeit."

George Bernard Shaw

Gebratene Ananasscheiben

Zutaten:

4 Ananasscheiben (frisch oder aus der Dose)
1 EL Margarine
Kristallzucker
Ribiselmarmelade
Kokosflocken (wenn vorhanden)

So wird's gemacht:

Margarine in der Pfanne erhitzen, Ananasscheiben in Kristallzucker (plus Kokosflocken) wenden, bei mäßiger Hitze in der Pfanne beidseitig bräunen und auf einen Teller legen. Etwas Wasser in die Pfanne gießen und mit 1 bis 2 EL Ribiselmarmelade aufkochen, den Fond über die Ananas träufeln und servieren.

Gutes Gelingen wünscht
Sylvia El-Khoury, Mödling

Gefüllte Bratäpfel

Zutaten:

3 Äpfel
100 g Marzipan
80 g Nüsse

So wird's gemacht:

Aus den Äpfeln das Kerngehäuse ausstechen und mit Marzipan und Nüssen füllen. Im Rohr bei 120° C etwa 10 Min. überbacken.

Gutes Gelingen wünscht
Nura Panjic, Stockerau

„Wenn du die Hand zur Faust ballst, kann dir weder jemand etwas hineinlegen, noch kannst du mit dieser Hand etwas aufnehmen."

Afrikanisches Sprichwort

Gefüllte Äpfel

Zutaten:

1 Apfel pro Person
Zitronenwasser
Zucker
Erdbeermarmelade
Vanillepudding

So wird's gemacht:

Die Äpfel schälen, das Gehäuse entfernen und ca. 8 Min. in Zitronenwasser mit etwas Zucker weichkochen, abtropfen und etwas auskühlen lassen. Die Äpfel mit Erdbeermarmelade füllen und mit bereits davor zubereitetem Vanillepudding übergießen.

Gutes Gelingen wünscht
Arabella Theyrer, Wien

Gefüllte Semmeln

Zutaten:

Pro Person 1 Semmel (alt)
1 Portion Topfen (bei Magertopfen etwas Butter zur Masse)
Rosinen nach Belieben
Zitronensaft
Zucker
Vanillezucker
2 Eier
½ l Milch

So wird's gemacht:

Von den Semmeln einen „Deckel" abschneiden und dann die Semmeln aushöhlen (den Inhalt trocknen und für Brösel verwenden).

Für die Fülle den Topfen mit Zitronensaft oder Vanillejoghurt vermischen und zu den schaumig geschlagenen Eiern geben (Zucker nach Bedarf mitschlagen), Rosinen darunterheben. Die Semmeln kurz in lauwarme Milch tauchen, Fülle hineingeben, den Deckel daraufsetzen und sofort auf ein befettetes Blech bzw. in eine Pfanne oder Auflaufform stellen. Restliche Milch (eventuell etwas zuckern) während des Backens ab und zu nachgießen. Bei mittlerer Hitze langsam backen (Heißluft 150 bis 160° C).

Gutes Gelingen wünscht
Maria Dobler, Linz

Hagebutten-Eis

Zutaten:

Schlagschaum
½ kg Hagebutten
2 Pkg Vanillezucker
200 g Staubzucker
½ l Wasser
Saft von 2 Zitronen
200 g Kristallzucker

So wird's gemacht:

Hagebutten entkernen und weichkochen, durch ein Sieb passieren und mit Vanille- und Staubzucker verrühren.
½ l Wasser mit Kristallzucker zur „Perle" spinnen und mit dem Zitronensaft vermengen.
Alles gut vermischen, in kleine, hohe Gläser füllen und 4 Stunden gefrieren lassen.
Auf Dessertteller stürzen und mit Schlagschaum servieren.

Mein Menüvorschlag „Lachender Buck":

Vorspeise: Spitzwegerich-Apfel-Salat (S. 45)
Hauptgericht: Brennnessellaibchen (S. 71)

Gutes Gelingen wünscht
Sylvia El-Khoury, Mödling

Hirse-Creme

Zutaten:

150 g Hirse
¼ l Wasser
½ l Milch
1/16 l Schlagobers
Rosinen
Rum
Honig
Zimt
Nüsse

So wird's gemacht:

Die gewaschene Hirse in Wasser und Milch weichkochen, mit Honig und Zimt würzen, ebenso gibt man die in Rum eingeweichten Rosinen dazu, lässt die Masse kurz überkühlen, hebt das Schlagobers unter und garniert mit den gehackten Nüssen.
Sie können diese Hirse-Creme auch warm und ohne Schlagobers essen. Sie schmeckt besonders Kindern gut und ist für ein gesundes Knochenwachstum unentbehrlich (ohne Rum).

Gutes Gelingen wünscht
Christian Greindl, Linz

„Unsere größte Schwäche liegt im Aufgeben. Der sicherste Weg zum Erfolg ist immer, es doch noch einmal zu versuchen."

Thomas Alva Edison

Joghurtschale

Zutaten:

2 Becher Joghurt
Zitronensaft
6 EL Marmelade
⅛ l Obers
1 EL Staubzucker
1 Kiwi oder einige Erdbeeren

So wird's gemacht:

Joghurt mit Zitronensaft und Marmelade verrühren. Das Obers steifschlagen, den Staubzucker darunterrühren und alles unter die Joghurtcreme mischen.
Die Creme in kleine Schüsseln füllen, kaltstellen und mit Kiwi oder Erdbeeren verzieren.

Mein Menüvorschlag:

Suppe: Kohlrabisuppe (S. 29)
Hautgericht: Schwammerl-Gulasch (S. 90)

Gutes Gelingen wünscht
Manuela Pilz, Mödling

Liwanzen (Livance)

Zutaten:

½ l Milch
200 g Mehl
15 g Germ, etwas Wasser
1 Ei
½ TL Salz

So wird's gemacht:

Aus Germ und etwa ½ Tasse lauwarmem Wasser ein Dampfl* machen. Dann in die nicht zu kalte Milch einrühren, die übrigen Zutaten hinzufügen und gut durchmischen. Etwa 2 Stunden an einem warmen Platz gehen lassen.
Dann in der Pfanne oder in einer eigens dafür bestimmten Liwanzenpfanne (Gusseisenpfanne mit mehreren Vertiefungen) herausbacken.
Zum Bestreuen verwendet man Kakaozucker oder Zimtzucker. Dazu passt Heidelbeerröster mit Schlagobers. Wenn Sie sich für den trockenen Belag entscheiden, bestreichen Sie die Liwanzen vorher mit zerlassener Butter.

Mein Menüvorschlag:

Suppe: Böhmische Reissuppe (S. 20)
Hauptgericht: Lebenice (S. 127)

Gutes Gelingen wünscht
Hana Rigo, Neuhofen a.d. Krems

* Ein Drittel der Milch (lauwarm), etwas Zucker, 1 EL Mehl und den Germ mit dem Schneebesen glattrühren, leicht mit etwas Mehl bestauben und mit einem Tuch zudecken. Das Dampfl an einem warmen Ort (nicht über 36° C) aufgehen lassen. Das Dampfl ist fertig, wenn sich das Volumen etwa verdoppelt hat und sich an der Oberfläche grobe Risse gebildet haben.

Mangocreme

Zutaten:

1 Pkg getrocknete Mangos
1 EL Crème Fraiche
Schokostreusel

So wird's gemacht:

Die Mangos am Vortag in ¼ l Wasser einweichen und mit dem Mixstab pürieren. 1 EL Crème Fraiche hinzufügen, in einer kleinen Kaffeetasse anrichten und mit Schokostreuseln garnieren.

Mein Menüvorschlag:

Suppe: Kräutercremesuppe (S. 30)
Hauptgericht: Gemüsereis Indien (S. 76)

Gutes Gelingen wünscht
Gabriele Rieser, Salzburg

Melonenpunsch

Zutaten:

Zuckermelone grob reiben und Zucker hinzufügen. Ein paar Tropfen Rosenwasser dazugeben und mit zerstoßenen Eiswürfeln kalt stellen.

Mein Menüvorschlag:

Suppe: Persische Suppe (S. 34)
Hauptgericht: Melanzani-Gulasch (S. 87)

Gutes Gelingen wünscht
Nayereh Gharib, Wien

Obstsalat mit Honig

Zutaten:

Verschiedenes Obst nach Saison
Honig
Zitronensaft oder Sirup

So wird's gemacht:
Obst klein schneiden und mit Honig und Zitronensaft oder Sirup mischen. In kleinen Schüsseln servieren.

Mein Menüvorschlag:

Vorspeise: Persisches Tsatsiki (S. 43)
Hauptgericht: Spinat-Gulasch (S. 93)

Gutes Gelingen wünscht
Nayereh Gharib, Wien

Obstsalat mit Joghurt und Walnüssen

Zutaten:

2 Bananen
1 Apfel
1 Orange
2 Kiwis
5 Erdbeeren (oder Beeren der Saison)
eine Handvoll Walnüsse grob
1 Becher Joghurt

So wird's gemacht:

Obst waschen und klein zerteilen, mit dem Joghurt vermischen. Walnüsse darüberstreuen.

Mein Menüvorschlag:

Suppe: Hühnersuppe (S. 27)
Hauptgericht: Lauchstrudel (S. 65)

Gutes Gelingen wünscht
Gertha Auer, Klosterneuburg

Sahniger Heidelbeer-Ingwer-Topfenstrudel

Zutaten:

1 Pkg Blätterteig
2 Pkg (je 250 g) Topfen
250 g Wildfrucht-Müsli
1 Becher (ca. 250 g) Heidelbeerjoghurt und/oder
⅛ l Milch
100 g Honig
1 bis 2 Packungen (je ca. 125 g) Heidelbeeren
100 g Zitronat
1 Ei
Salz, Zimt, Muskatnuss, Ingwer

So wird's gemacht:

Blätterteig auspacken, auf einem Backblech auf Backpapier ausrollen.
Topfen mit Heidelbeerjoghurt und/oder Milch, Honig, Heidelbeeren, Zitronat, einer Prise Salz sowie dem Ingwer und der zermahlenen Muskatnuss in einem geeigneten Gefäß zusammenmixen, dann die Hälfte der Masse längs der Mitte auf den ausgerollten Blätterteig streichen. Nun das Müsli, vermischt mit (relativ viel) Zimt, darüberstreuen. Die restliche Topfen-Heidelbeermenge darüber verteilen. Den Blätterteig zusammenrollen, überall – auch an den Enden – überlappen. Mit versprudeltem Ei bestreichen und bei mittlerer Hitze im Backofen ca. 15 bis 20 Min. bräunen, bis der Blätterteig schön knusprig ist.

Gutes Gelingen wünscht
Horst Bäcker, Linz

Schichtcreme

Zutaten:

Brotkrumen
1 Pkg Topfen (oder Dessertcreme
oder Pudding)
1 Becher Vanillejoghurt
Zucker
eventuell geriebene Nüsse

So wird's gemacht:

Brotkrumen im Backrohr trocknen, zerbröseln, mit etwas Zucker und eventuell mit geriebenen Nüssen vermischen.
Topfen mit Vanillejoghurt verrühren.
In eine Glasschüssel abwechselnd eine Schicht Bröselgemisch und eine Schicht Topfencreme (bzw. Pudding) einfüllen.
Zum Abschluss nach Belieben garnieren, dafür eignen sich Schokostreusel, Obst, Kompott oder auch etwas Marmelade oder Schlagobers.

Gutes Gelingen wünscht
Maria Dobler, Linz

Schokolademousse

Zutaten:

150 g Zartbitterschokolade
⅛ l Schlagobers
2 Dotter
1 Eiklar
1 EL Zucker
¼ l Schlagobers steif geschlagen

So wird's gemacht:

Schokolade in Stücke brechen, mit dem Schlagobers in eine Rührschüssel geben und zugedeckt im Wasserbad schmelzen lassen. Die Dotter untermischen und abkühlen lassen. Das Eiklar mit dem Zucker steifschlagen und unter die abgekühlte Creme ziehen. Das Schlagobers ebenfalls vorsichtig unterheben. Die Mousse einige Stunden im Kühlschrank fest werden lassen.

Suppe: Kräutersuppe mit Fleischnockerl (S. 30)
Hauptgericht: Huhn süß-sauer (S. 118)

Gutes Gelingen wünscht
Ursula Borca, Wien

„Fünf Vorsätze für den Tag:

Ich will bei der Wahrheit bleiben.
Ich will mich keiner Ungerechtigkeit beugen.
Ich will frei sein von Furcht.
Ich will keine Gewalt anwenden.
Ich will in jedem zuerst das Gute sehen."

Mahatma Gandhi

PHILADELPHIA

Philadelphia Schmarrn *mit Marillenröster*

ZUTATEN
für 4 Personen

- 300 g Philadelphia Doppelrahmstufe Natur
- 125 ml Obers
- 1 EL Mehl
- 4 Eier
- 2 EL Zucker
- 1 Prise Salz
- ein kleines Stück Butter
- 800 g geschälte Marillen
- 250 ml Marillensaft
- 1 TL Maizena
- etwas Staubzucker

ZUBEREITUNG

Philadelphia-Schmarrn:

1. Philadelphia, Obers, Mehl, Salz und Eigelb zu einem glatten Teig verrühren.
2. Eiklar mit dem Zucker zu Schnee schlagen und unter den Teig heben.
3. Butter in einer heißen Pfanne mit ofenfestem Griff zerlassen und den Teig ca. 4 cm hoch hineingießen. Pfanne in den Backofen stellen und bei 160 °C ca. 15 Minuten backen. Anschließend den Schmarrn zerstückeln.

Marillenröster:

1. Marillen schälen, entkernen und zerkleinern.
2. Maizena in kaltem Wasser anrühren. Marillensaft in einem Topf erwärmen und mit Maizena binden.
3. Marillenstücke dazugeben und auf kleiner Flamme 3-4 Minuten köcheln lassen.

Marillenröster auf dem Philadelphia Schmarrn anrichten und mit etwas Staubzucker bestreut servieren.

Strawberry Colada

Zutaten:

1 Limette
450 g Erdbeeren
4 EL brauner Zucker
350 ml Kokosmilch
350 ml Ananassaft
ca. 16 Eiswürfel grob zerstoßen
Ananasblätter vom Ananasschopf
zum Garnieren

So wird's gemacht:

Limette heiß abwaschen, gut abtrocknen und die Schale fein abreiben. Aus der Limette 3 EL Saft pressen. Erdbeeren waschen und vier schöne Beeren für die Garnitur beiseite legen. Die übrigen Erdbeeren, Zucker, Limettenschale, Limettensaft, Kokosmilch, Ananassaft mit dem Stabmixer fein pürieren. Die Strawberry Colada in 4 Gläser mit zerstoßenem Eis füllen und gut umrühren. Die Erdbeeren und Ananasblätter einschneiden und zur Dekoration an den Gläserrand stecken.

Mein Menüvorschlag:

Vorspeise: Ofen-Gemüse (S. 88)
Hauptgericht: Chili con Carne (S. 47)

Gutes Gelingen wünscht
Ema Maccari, Wien

Topfen-Joghurt-Creme mit Bananen

Zutaten:

250 g Topfen
1 Becher Joghurt
6 bis 8 EL Zucker
1 Pkg Vanillezucker
2 Bananen

So wird's gemacht:

Zutaten verrühren, Bananen in Scheiben schneiden und darunterheben.
Statt der Bananen kann auch jedes andere Obst verwendet werden.

Gutes Gelingen wünscht
Ernestine R., Graz

„Es ist besser,
für etwas zu kämpfen,
als gegen etwas."

Amos Bronson Alcott

Topfencreme mit Beeren

Zutaten:

¼ kg Topfen
1 Becher Joghurt
1 Zitrone
100 g Staubzucker
1 Pkg Vanillezucker
2 Bananen
150 g Beeren nach Jahreszeit

So wird's gemacht:

Topfen und Joghurt verrühren. Die Bananen zerdrücken und mit Zitronensaft, Zucker, Vanillezucker und den Beeren vermischen.
Die Fruchtmischung unter die Topfencreme rühren und das Ganze in Gläsern anrichten.

Mein Menüvorschlag:

Suppe: Rahmsuppe (S. 34)
Hauptgericht: Pikanter Auflauf (S. 57)

Gutes Gelingen wünscht
Theresia Edlinger, Stockerau

Topfenknödel

Zutaten:

250 g Topfen
1 EL Grieß
1 EL Brösel
1 Ei
1 EL Mehl
Salz

So wird's gemacht:

Topfen, Salz, Grieß und Brösel vermischen, 15 Min. ziehen lassen. Dann Mehl und Ei dazugeben, alles einkneten und Knödel formen, die man in Salzwasser ungefähr 6 Min. ziehen lässt. Angerichtet wird mit Staubzucker und gerösteten Bröseln.

Mein Menüvorschlag:

Suppe: Schwarzbrotsuppe mit Rahm (S. 35)
Hauptgericht: Kartoffelgulasch (S. 50)

Gutes Gelingen wünscht
Martha Tomasch, Kärnten

„Wir haben gelernt, wie Vögel zu fliegen, wie Fische zu schwimmen. Doch wir haben die einfache Kunst verlernt, wie Brüder zu leben."

Martin Luther King

Topfenknödel mit Obstfülle

Zutaten:

250 g Topfen
1 Ei
70 g glattes Mehl
70 g Grieß
70 g Butter oder Margarine
1 Prise Salz
Obst nach Belieben

So wird's gemacht:

Topfen mit Ei, Mehl, Grieß, Butter und einer Prise Salz zu einem festen Teig kneten und im Kühlschrank 1 Stunde lang rasten lassen. Aus dem Teig eine Rolle formen, Stücke abschneiden, etwas flach drücken, je ein Stück Obst darauflegen und Knödel formen. In kochendem Wasser so lange kochen, bis die Knödel an der Oberfläche schwimmen, dann herausnehmen und in gerösteten Bröseln schwenken.

Gutes Gelingen wünscht
Sonja Burger, Wien

Zitronenpudding

Zutaten:

140 g Butter
140 g Zucker
8 Dotter
Saft und Schale einer Zitrone
8 Eiklar
Butter
Zucker

So wird's gemacht:

Butter, Zucker und Dotter auf dem Herd dickschaumig rühren. Die Masse unter ständigem Rühren überkühlen lassen, dann den Zitronensaft und die geriebene Zitronenschale dazugeben und den Schnee einmengen.
Die Masse wird in einer mit Butter bestrichenen und mit Zucker bestreuten Form 45 Min. lang im Dunst gekocht.

Mein Menüvorschlag:

Suppe: Gemüsesuppe (S. 26)
Hauptgericht: Linseneintopf (S. 51)

Gutes Gelingen wünscht
Monika Wanke, Mödling

„Es kommt nicht darauf an,
die Welt zu verändern, sondern
sie zu vermenschlichen."

Karl Steinbuch

Kuchen und Torten

Bananenbrot (oder Muffins)

Zutaten:

400 g Bananen
150 g Mehl
150 g gelber Zucker
100 g Walnüsse gerieben
37 g weiche Butter
2 große Eier
1 gestr. TL Natron
1 gestr. TL Salz
1 Fläschchen Vanille-Essenz
(oder 1 Pkg Vanillezucker)
(1 TL Ingwer + ½ TL Zimt)
(Rosinen oder Schokolade)

So wird's gemacht:

Mehl, Natron, Salz, und Nüsse in einer Schüssel gut vermischen (Ingwer und Zimt nach Belieben). Die Bananen in Scheiben schneiden und mit dem Mixer zu einem Brei zerkleinern.
Die weiche Butter mit dem Zucker, den Eiern und der Vanille-Essenz schaumig rühren und anschließend mit den zerdrückten Bananen vermischen. Zum Schluss die Mehl-Nuss-Mischung mit dem Kochlöffel unterrühren (und Rosinen oder Schokolade dazugeben).

Für Bananenbrot:
Teig in eine gefettete und bemehlte Tortenform füllen und mit grob gehackten Walnüssen (Krokant, Schokostreuseln, ...) bestreuen; bei 175° C ca. 45 bis 50 Min. backen.

Für Muffins:
Teig in Muffin-Förmchen füllen, mit Nüssen oder Schokostreuseln bestreuen und bei 175°C ca. 15 bis 20 Min. backen.

Mengen:
Für 24 Muffins (= zwei 12er-Bleche) nimmt man eineinhalb Massen. Für ein Bananenbrot (mittelgroße Tortenform oder Kastenform) genügt eine Masse.

Tipp:
Je reifer und weicher die Bananen, desto besser gelingt der Kuchen. In vielen Geschäften bekommt man braun gewordene Bananen billiger – die eignen sich besonders gut!

Gutes Gelingen wünscht
Judith Pouget, MMS

„Die wahren Optimisten sind nicht überzeugt, dass alles gut gehen wird, aber sie sind überzeugt, dass nicht alles schief gehen kann."

Friedrich Schiller

Becherkuchen mit Obst

Zutaten:

2 Becher Joghurt
2 Becher Zucker
4 Becher Mehl
4 Eier
2 Pkg Vanillezucker
2 Pkg Backpulver
1 Becher Öl
Obst nach Belieben
Mandelsplitter oder -blättchen
etwas Rohrzucker zum Drüberstreuen

So wird's gemacht:

Zutaten vermengen und im Mixer gründlich vermischen, danach ca. 2 bis 3 cm hoch auf ein Backblech streichen. Mit Obst belegen, braunen Zucker und Mandelsplitter darüberstreuen und bei ca. 180° C 50 bis 60 Min. lang backen.

Mein Menüvorschlag:

Suppe: Frühlingszwiebelsuppe mit Ingwer-Käsetoast (S. 24)
Hauptgericht: Zucchini-Karotten-Laibchen (S. 97)

Gutes Gelingen wünscht
Herta Eisa, Linz

Blechkuchen mit Zwetschken

Zutaten:

250 g Joghurt
250 g Kristallzucker
4 Eier
1 Pkg Vanillezucker
250 g Mehl (griffig)
125 g Öl
1 Pkg Backpulver
½ kg Zwetschken

So wird's gemacht:

Joghurt, Kristallzucker und Eier sehr gut schaumig rühren. Vanillezucker beimengen und weiter schaumig rühren. Öl einfließen lassen und unterrühren. Das Backpulver unter das Mehl mischen und alles vorsichtig unterrühren. Die Masse auf ein eingefettetes Backblech streichen und mit den Früchten belegen. 25 bis 30 Min. bei 170° C backen. Man kann auch Marillen, Pfirsiche, Birnen oder andere Obstsorten verwenden.

Gutes Gelingen wünscht
Markus Forster, Waldviertel

Ei-schwer-Kuchen

Zutaten:

Grundmenge:
1 Ei
50 g Butter
50 g Zucker
50 g Mehl

So wird's gemacht:

Aus Eiern, Butter und Zucker einen Abtrieb machen, das Mehl langsam unterrühren. In eine gefettete und bemehlte Form (Tortenform oder Blech) geben und bei 180° C ca. 45 Min. backen.

Mengen-Varianten:
Blechkuchen: 5 Eier + 250 g Butter/Zucker/Mehl
Tortenform: 4 Eier + 200 g Butter/Zucker/Mehl

Tipp:

Diese Kuchengrundmasse kann sehr vielseitig variiert werden: mit Obst jeglicher Art als Blechkuchen, mit 2 EL Kakao als Schokoladekuchen, mit ⅔ Mehl und ⅓ Drittel Nüssen nach Wahl als Nusskuchen (dabei sollte eine Messerspitze Backpulver beigefügt werden), mit Marmelade nach Wahl gefüllt als Schnitten … und nach freier Phantasie.

Gutes Gelingen wünscht
Wolfgang Larch, MMS

Häferlkuchen

Zutaten:

3 Eier
½ Rama-Würfel
1 Häferl Milch
1 Häferl Zucker
2 Häferl Mehl
½ Pkg Backpulver
½ Pkg Vanillezucker
etwas Zitronenschale
Eidotter, Eiklar

So wird's gemacht:

Rama und Eidotter schaumig rühren, langsam Zucker und Milch dazugeben. Mehl mit Backpulver mischen und unterheben. Vanillezucker und etwas Zitronenschale hineinmischen. Eiklar zu Schnee schlagen und unterheben. In eine befettete Form füllen und 45 Min. bei 180° C backen.

Gutes Gelingen!

„Hundert kleine Freuden
sind tausendmal mehr wert
als eine große."

Johannes Kepler

Himbeer-Roulade

Zutaten:

1.200 g Mehl
1.200 g Zucker
6 Eier
Himbeeren
1 Becher Schlagobers

So wird's gemacht:

Aus Mehl, Zucker und Eiern mit dem Mixer einen Teig rühren. Ein Blech mit Backpapier belegen, den Teig darauf verstreichen und bei mittlerer Hitze hellbraun backen.
Schlagobers schlagen und die zerkleinerten Himbeeren daruntermischen. Die Schlagobersmasse auf die Biskuitplatte streichen und diese vorsichtig einrollen. Mit Zucker bestreuen.

Gutes Gelingen wünscht
Susanne Liebhart

Müsli-Joghurt-Kuchen

Zutaten:

1 Becher Joghurt
1 Becher Zucker
½ Becher Öl
3 Eier
1 Becher Mehl
1 Becher Müsli
1 Becher Kakaopulver
½ Pkg Backpulver

So wird's gemacht:

Müsli mit Joghurt vermischen und einige Zeit stehen lassen, damit das Müsli weich wird.
Eier und Zucker (wer es nicht so süß mag, nimmt nur ½ Becher Zucker) schaumig schlagen, nach und nach Öl und Kakaopulver dazugeben. Mehl mit Backpulver vermischen und abwechselnd mit der Müslimasse unterheben. Wenn man Rosinen hinzufügt, wird der Kuchen noch saftiger.
Auf einem Backblech oder in einer Gugelhupf-Form bei ca. 180° C eine Stunde lang backen.

Gutes Gelingen wünscht
Maria Dobler, Linz

„Wenn einer allein träumt, ist es nur ein Traum. Wenn viele gemeinsam träumen, ist es der Anfang einer neuen Wirklichkeit."

Friedensreich Hundertwasser

Obstkuchen

Zutaten:

4 ganze Eier
250 g Zucker
4 EL Öl
4 EL Wasser
250 g Mehl
1 Pkg Backpulver
Obst nach Belieben

So wird's gemacht:

Alle Zutaten mit dem Mixer schaumig rühren, in eine befettete und mit Bröseln bestreute Form geben und mit Obst belegen. 40 Min. bei Gas Stufe 3 (ca. 180° C) backen.

Mein Menüvorschlag:

Suppe: Zucchinicremesuppe (S. 37)
Hauptgericht: Thai Green Curry mit Shrimps (S. 124)

Gutes Gelingen wünscht
Hilde Koch, Wien

Rhabarberkuchen

Zutaten:

1 kg Rhabarber
250 g Butter
250 g Zucker
1 Pkg Vanillezucker
1 Prise Salz
4 Eier
300 g Mehl
100 g Maizena
1 Pkg Backpulver
Schale einer Zitrone
100 g Mandeln oder Nüsse

So wird's gemacht:

Butter, Zucker, Vanille schaumig rühren, nach und nach die Eier einrühren. Mehl, Backpulver und Maizena einziehen, Mandeln und geriebene Zitronenschale dazugeben, Rhabarber unterrühren. Bei 200° C 40 bis 50 Min. backen (Blech oder Tortenform). Noch warm mit Zitronenglasur überziehen.

Gutes Gelingen wünscht
Klaudia Pirhofer, MMS

„Ein freundliches Gesicht ist besser als Kisten voller Gold."

Arabisches Sprichwort

Rosinenkuchen

Zutaten:

3 Eier
180 g Zucker
250 g Joghurt
80 g Öl
100 g Rosinen
1 Pkg Vanillezucker
1 Pkg Backpulver
200 g Mehl

So wird's gemacht:

Die Eier mit dem Zucker schaumig schlagen, die restlichen Zutaten unterheben und den Teig in eine Kuchenform gießen. Im vorgeheizten Backrohr 20 bis 25 Min. lang bei ca. 200° C backen.

Mein Menüvorschlag:

Vorspeise: Eier mit Knoblauch (S. 41)
Hauptgericht: Faschierte Laibchen (S. 109)

Gutes Gelingen wünscht
Julnara Sulejanova, Wien

Rübli-Torte

Zutaten:

300 g Karotten
200 g Staubzucker
100 g Honig
300 g Walnüsse (Haselnüsse, Mandeln)
100 g Mehl
1 TL Zimt
5 Dotter
5 Eiweiß
1 Messerspitze Neugewürz
Saft und Schale von ½ Zitrone
1 TL Backpulver

So wird's gemacht:

Aus Dotter, Zucker, Honig und Zitronenschale einen Abtrieb machen, Nüsse und Karotten beimengen, danach Eischnee und Mehl vorsichtig unterheben. Den Teig in eine gefettete und bemehlte Tortenform füllen und bei mittlerer Hitze ca. 1 Stunde lang backen. Die ausgekühlte Torte mit Zitronenglasur überziehen.

Gutes Gelingen wünscht
Annemarie Angermann, MMS

„Die Menschen lassen sich durch öffentliches Unglück, das in den Zeitungen steht, umso leichter zu einer rührenden Hilfsbereitschaft verleiten, je blinder sie an dem privaten Unglück hinter der nächsten Haustüre vorübergehen."

Sigmund Graff

Sachertorte

Zutaten:

120 g Butter (oder Margarine)
8 Eier
120 g Mehl
180 g Kochschokolade
180 g Zucker
Etwas Backpulver

So wird's gemacht:

Dotter vom Eiklar trennen. Zucker, Butter (Margarine) schaumig rühren und nach und nach die Dotter dazugeben. Eiklar zu festem Schnee schlagen und nach und nach mit dem Mehl unter die Zucker-Butter-Masse heben. Tortenmasse in eine befettete Tortenform geben und bei ca. 180° bis 200° C etwa 30 bis 45 Min. backen.

Mein Menüvorschlag:

Suppe: Gemüse-Kartoffelsuppe mit Steinpilzen (S. 25)
Hauptgericht: Eiernockerl (S. 73)

Gutes Gelingen wünscht
Eva-Maria Kandil, Stockerau

Schüttkuchen

Zutaten:

4 Eier
2 Becher Zucker
1 Pkg Vanillezucker
1 Becher Rahm
½ Becher Öl
½ Becher geriebene Nüsse
1 EL Kakaopulver
2 Becher Mehl

So wird's gemacht:

Alle Zutaten gut durchrühren, eine Form befetten und mit Mehl stauben, auf Heißluft 45 Min. bei 180° C backen.

Gutes Gelingen!

„Wenn eine Sache nicht gemindert wird, da man sie mit anderen teilt, ist ihr Besitz unrecht, solange man sie nur allein besitzt und nicht mit anderen teilt."

Augustinus von Hippo

Weihnachts-Striezel

Zutaten:

½ kg Mehl
⅛ l Milch
1 bis 2 Eier
ca. 100 g Zucker
ca. 45 g Germ
½ TL Salz
125 g Margarine
ca. 50 g gestiftelte Mandeln
(oder andere Nüsse)
ca. 120 g Rosinen
etwas Zitronenschale (unbehandelt)

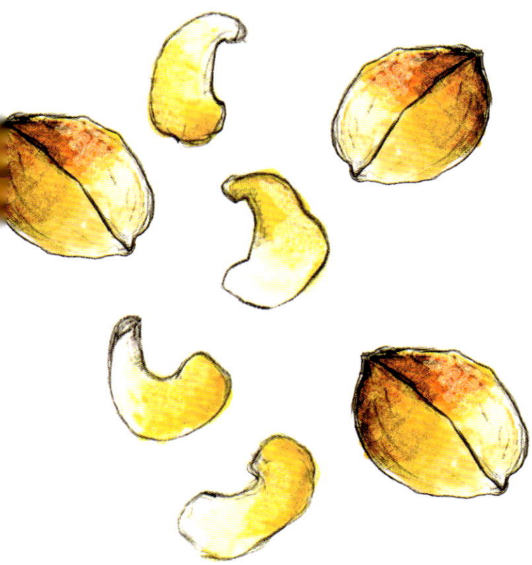

So wird's gemacht:

Gesamte Menge Mehl in ein geeignetes Gefäß geben, eine Grube bilden, in die man die zuvor leicht erwärmte, gezuckerte (ca. 2 EL Zucker) Milch und den Germ gibt. Alles vermengen, danach ca. 30 bis 60 Min. in warmer Umgebung aufgehen lassen.
Erst jetzt nach und nach alle restlichen Zutaten beimengen und grob verarbeiten (Eier, restlichen Zucker), wobei man die Rosinen am besten zuvor 2 bis 3 Stunden in Rum oder Wasser einweichen lässt. Diese Gesamtmasse gut durchkneten, danach erneut 2 bis 3 Stunden in warmer Umgebung aufgehen lassen.
Im Anschluss den aufgequollenen Teig in 7 bis 9 gleich schwere „Teignudeln" rollen, davon zunächst 4 wie einen Zopf flechten, dann die übrigen auch als Zopf flechten und auf den anderen platzieren, die letzten 2 „Teignudeln" wiederum überkreuzend darauflegen. Allesamt an den Enden etwas zusammendrücken. Mit gequirltem Ei bestreichen, anschließend bei mäßiger Hitze 45 bis 60 Min. backen.

Anstelle eines Weihnachts-Striezels kann man auch ein Osterlaibchen daraus formen.

Gutes Gelingen wünscht
Horst Bäcker, Linz

„Wenn die Hoffnung aufwacht,
legt sich die Verzweiflung schlafen."

Weisheit aus Asien

Haas
Komm auf den Geschmack!
QUALITÄT AUS ÖSTERREICH
Haas
Pudding
Schoko
Geschmack
Haas
Pudding
Vanille
Geschmack
Haas
Vanillin
Zucker
Haas
Backpulver
Haas
Germ
www.edhaas.at

Zucchini-Kuchen

Zutaten:

300 g Mehl
300 g Zucchini
250 g Staubzucker
3 Eier
⅛ l Öl
1 Pkg Vanillezucker
1 Pkg Backpulver
1 ½ TL Zimt
50 g geriebene Nüsse (wenn vorhanden)

So wird's gemacht:

Alles gut zusammenmischen, auf ein befettetes Backblech streichen und bei 175° C 30 bis 40 Min. backen. Den ausgekühlten Kuchen mit warmer Marmelade bestreichen und mit Schokolade- oder Zitronenglasur glasieren.

Gutes Gelingen wünscht
Eva R., Klagenfurt

Zwetschkenfleck

Zutaten:

1 Pkg Hefe- oder Pizzateig
1 kg entkernte Zwetschken oder Marillen
Zimt
Zucker

So wird's gemacht:

Den Teig auf ein gefettetes Backblech ca. [illegible] cm dick auflegen, mit Obst (mit der Schnittfläche nach oben) belegen und mit Zimt und Zucker bestreuen. Im vorgeheizten Rohr bei 175° C (nach Anleitung) backen. Ausgekühlt in Stücke schneiden und mit Staubzucker bestreuen.

Mein Menüvorschlag:

Suppe: Brotsuppe mit Schnittlauch
und Rahm (S. 20)
Hauptgericht: Lachs-Gemüsestrudel (S. 124)

Gutes Gelingen wünscht
Christine Zubal, Wien

„Man muss Glück teilen,
um es zu multiplizieren."

Marie von Ebner-Eschenbach

Inhaltsverzeichnis

Suppen

Salate & Dips

Eintöpfe

Aufläufe

Gemüsegerichte

Fleischlose Gerichte

Nudelgerichte

Fleischgerichte

Geflügelgerichte

Fischgerichte

Beilagen

Kleine Gerichte

Süße Speisen

Nachspeisen

Kuchen und Torten

„Nur wenn wir teilen, haben wir den Frieden auf der Welt."

Hermann Gmeiner

Stichwortverzeichnis

C

D

E

F

G

Y

Z

Meine Notizen

Meine Notizen